AF310675

LA
PRÉVOYANCE LÉGALE
EN FAVEUR DES EMPLOYÉS

EXEMPLES

SUIVIS

D'UNE SÉRIE DE CONCLUSIONS PRATIQUES

PAR

Maurice BELLOM

INGÉNIEUR EN CHEF AU CORPS DES MINES
PROFESSEUR D'ÉCONOMIE INDUSTRIELLE
A L'ÉCOLE NATIONALE SUPÉRIEURE DES MINES

PARIS
G. et M. RAVISSE, ÉDITEURS
52, RUE DES SAINTS-PÈRES

1913

4325

LA
PRÉVOYANCE LÉGALE
EN FAVEUR DES EMPLOYÉS

EXEMPLES

SUIVIS

D'UNE SÉRIE DE CONCLUSIONS PRATIQUES

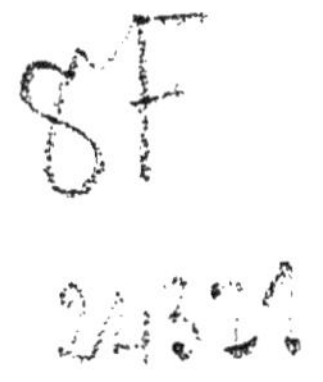

OUVRAGES DU MÊME AUTEUR

Les Lois d'assurance ouvrière à l'étranger (dix volumes grand in-8° parus en 1892, 1895, 1896, 1900, 1901, 1903, 1904, 1905, 1906, 1909 (*deux fois couronné par l'Institut: Prix Audéoud*, 1901 ; *Prix Corbay*, 1907). Paris, Arthur Rousseau.

De la responsabilité en matière d'accidents du travail. 1re édition 1899, 2e édition 1902. Paris, Arthur Rousseau.

Réglementation du travail des adultes, des femmes et des enfants (Etat actuel de la législation étrangère),1890. Paris, Comité des accidents.

De la réglementation du travail (Dictionnaire des arts et manufactures de Laboulaye), 1891. Paris, Masson.

Accidents du travail (Dictionnaire du commerce, de l'industrie et de la banque), 1898. Paris, Guillaumin-Alcan.

Travail (Analyse détaillée des lois françaises relatives au travail). (Dictionnaire de l'administration française), 1905. Paris, Berger-Levrault.

Questions de mutualité (Mutualité scolaire. — Le livret individuel de retraite et les réformes nécessaires), 1903. Paris, Chaix.

L'assurance contre l'invalidité par les sociétés de secours mutuels (avec un dispositif de système d'assurance), 1905. Bordeaux, Librairie de la mutualité.

La mutualité libre à l'étranger, 1905. Bordeaux, Librairie de la mutualité.

L'assurance contre les accidents et les domestiques, 1908. Bordeaux, Librairie de la mutualité.

Les habitations ouvrières et les caisses d'épargne dans les villes de moyenne importance, 1908. Paris.

L'enseignement économique et social dans les écoles techniques à l'étranger et en France avec un plan de réforme (*couronné par l'Institut, Prix Fabien, 1909*), 1908. Paris, Librairie du Sirey.

La mission sociale des élèves dans les écoles techniques à l'étranger et en France avec un programme d'action (*couronné par l'Institut, Prix Fabien, 1909*), 1908. Paris, Librairie du Sirey.

L'assurance contre le chômage, 1908. Paris, Librairie du Sirey.

Les techniciens de la comptabilité, 1909. Paris, Dunod et Pinat.

Les questions ouvrières et la science actuarielle, 1909. Paris, Dunod et Pinat.

Le chèque moderne (Etude suivie d'une proposition de loi), 1909. Paris, Dunod et Pinat.

Les retraites des ouvriers mineurs en Belgique, 1910. Paris, Dunod et Pinat.

L'assurance contre l'invalidité en Belgique, 1911. Paris. Arthur Rousseau.

La définition légale de l'invalidité en matière d'assurance sociale (Recherche d'une formule), 1912. Paris, Arthur Rousseau.

Les pensions des fonctionnaires en cas de guerre, 1912. Paris, Action nationale.

La législation belge d'assurance contre l'invalidité. 1913. Paris, Arthur Rousseau.

Nombreuses études économiques et sociales publiées de 1890 à 1913.

LA
PRÉVOYANCE LÉGALE
EN FAVEUR DES EMPLOYÉS

EXEMPLES

SUIVIS

D'UNE SÉRIE DE CONCLUSIONS PRATIQUES

PAR

Maurice BELLOM

INGÉNIEUR EN CHEF AU CORPS DES MINES
PROFESSEUR D'ÉCONOMIE INDUSTRIELLE
A L'ÉCOLE NATIONALE SUPÉRIEURE DES MINES

PARIS

G. et M. RAVISSE, ÉDITEURS

52, RUE DES SAINTS-PÈRES

1913

BIBLIOTHÈQUE NATIONALE R.F. IMPRIMÉS

INTRODUCTION

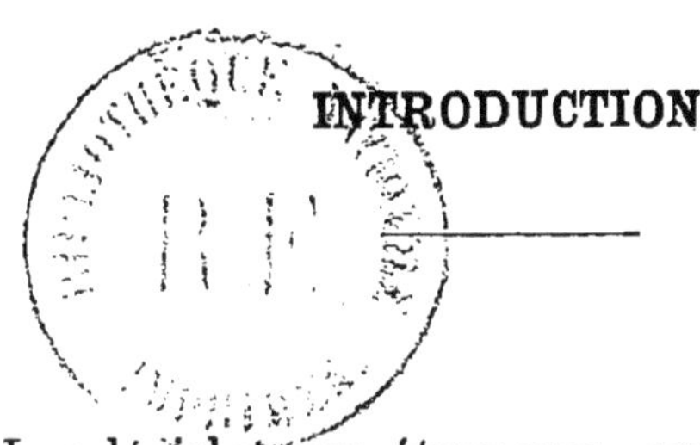

Les législateurs étrangers, après avoir orga-
nisé la prévoyance en faveur des ouvriers, ont
dû porter leurs regards vers les employés. Ceux-
ci, en effet, ne sont pas moins dignes d'intérêt
que les travailleurs manuels le jour où, soit
l'âge, soit l'invalidité les prive, ainsi que leur
famille, de la rémunération qui pourvoit à la
subsistance quotidienne. Bien plus, si le salaire
nominal de l'employé est supérieur à celui de
l'ouvrier, le salaire réel est souvent moindre à
raison des charges que les obligations sociales
de logement et de tenue imposent à l'employé.
La justice commande, par suite, de ne pas limiter à une catégorie de travailleurs le bénéfice
d'un régime légal de prévoyance, lorsque le
législateur en a jugé opportune l'institution
obligatoire.

Cette dernière observation, qui s'inspire d'une
élémentaire logique, ne traduit nullement de
ma part une préférence personnelle. Loin d'ap-

prouver le principe de la prévoyance forcée, je suis un partisan irréductible de la liberté de l'assurance ; j'estime que le travailleur doit rester libre de faire de ses revenus l'usage qui lui convient et de pourvoir à son avenir sous la forme la mieux appropriée à ses besoins ou à ses goûts : le respect de la volonté des intéressés me paraît d'autant plus justifié qu'ils sont plus éclairés et, à ce titre, l'employé doit être, moins encore que l'ouvrier, astreint à l'obligation de l'assurance.

Toutefois l'opinion individuelle du sociologue ne lui permet pas de s'affranchir de la nécessité d'une étude attentive, lorsque des pays industriels et commerçants adoptent des solutions opposées. C'est dans cet esprit et sous cette réserve que l'exemple de l'Allemagne et celui de l'Autriche seront successivement analysés.

La place prépondérante attribuée dans le présent ouvrage à la législation autrichienne, se justifie par sa plus longue durée d'application et par le caractère instructif des difficultés qu'elle traverse (1).

(1) La législation allemande relative à l'assurance des employés sera analysée en détail dans un ouvrage que je consacrerai spécialement à l'assurance en Allemagne.

I. — ALLEMAGNE

Ce n'est qu'après avoir institué l'assurance obligatoire contre l'invalidité pour les ouvriers que le législateur allemand l'a organisée au profit des employés.

Bénéficiaires de l'assurance.

La loi allemande du 20 décembre 1911 édicte l'assurance obligatoire pour les employés (1), c'est-à-dire, aux yeux du législateur, pour les individus qui se livrent à des occupations professionnelles d'ordre supérieur : en raison de l'institution préalable de l'assurance ouvrière, la loi de 1911 exclut les personnes chargées d'un travail plus manuel qu'intellectuel : ainsi, tandis qu'elle s'applique aux sténodactylographes, elle ne vise pas les simples dactylographes. Sous

(1) La terminologie allemande fait usage du mot *Angestellte* qui est plus compréhensif que le mot *Privatbeamte*.

cette réserve, elle englobe, à partir de l'âge de 16 ans, les employés des professions les plus variées depuis les employés de bureau jusqu'au personnel supérieur des équipages des bâtiments allemands de la navigation tant intérieure que maritime, en passant par le personnel des pharmacies, des théâtres ou de l'enseignement privé. La loi n'admet d'ailleurs que les employés d'au moins 16 ans et de moins de 60 ans.

Les employés dont la rémunération annuelle excède 5.000 marcs (6.200 francs) ne sont pas assujettis à l'assurance ; mais ils pouvaient la contracter durant la première année d'application de la loi si leur traitement n'était pas supérieur à 10.000 marcs par an, et ils peuvent, à toute époque, la continuer après six mois de participation lorsque leur rémunération excède le maximum légal de 5.000 marcs (6.200 francs).

AVANTAGES GARANTIS
ET COTISATIONS IMPOSÉES

Les avantages garantis sont essentiellement les suivants

1º Une pension d'invalidité ; 2º une pension de vieillesse à l'âge de 65 ans ; 3º des pensions aux veuves et aux orphelins des employés.

Abstraction faite des détails dont fourmille

cette loi de 399 articles, le mécanisme de l'assurance est le suivant :

Les employés sont répartis entre neuf catégories ou « classes de traitements » d'après l'importance de leur rémunération annuelle : la limite maximum est dans chaque classe respectivement 550, 850, 1.150, 1.500, 2.000, 2.500, 3.000, 4.000 et 5.000 marcs (soit 682, 1.054, 1.426, 1.860, 2.480, 3.100, 3.720, 4.960 et 6.200 francs). Ils sont assujettis, pour parts égales avec leurs employeurs, au versement de cotisations qui varient selon la classe et dont la valeur mensuelle est respectivement de marcs : 1,60, 3,20, 4,80, 6,30, 9,60, 13,20, 16,60, 20 et 26,60 (soit, francs : 1,98, 3,97, 5,95, 7,81, 11,90, 16,40, 20,58, 24,80, 32,98). Le calcul montre que ces cotisations n'excèdent jamais 8 p. 100 et se réduisent dans certains cas à 3 1/2 p. 100 du traitement : le législateur a dû tenir compte, en effet, de l'obligation, qui s'impose à l'employé à faible traitement (au plus égal à 2.000 marcs, soit 2480 francs, par an), de verser une cotisation d'assurance comme un ouvrier proprement dit ; il a, par suite, réduit d'autant la cotisation des cinq premières classes.

Par contre, comme les avantages garantis sont mesurés d'après le montant des cotisations, le législateur a prévu que certains employés pourraient désirer s'inscrire dans une classe supérieure à celle que leur assigne leur traitement effectif. Mais il a limité l'exercice de cette faculté aux assurés qui n'ont pas encore atteint l'âge de 25 ans : il a craint, en effet, que les malades ou les pères de famille ne vinssent apporter de mauvais risques qui n'auraient pas été prévus lors de l'établissement des tarifs ; car ceux-ci n'avaient pas été dressés en tenant compte de l'âge des assurés lors de leur affiliation à l'assurance, et même ils avaient été fondés sur cette hypothèse qu'un grand nombre d'employés étaient célibataires, ce qui permettait de réduire le montant de la cotisation moyenne. D'autre part, l'employé dont le traitement vient à être diminué, est autorisé à rester inscrit dans son ancienne classe, s'il en fait partie depuis six mois. Toutefois, en l'absence de convention contraire, le patron n'est obligé qu'au versement de la cotisation minima.

Paiement des cotisations.

Les charges incombent, en effet, pour moitié au patron et à l'employé sans aucune subvention de l'Etat. Le patron acquitte l'intégralité de la cotisation à la fin de chaque mois par l'envoi de sa propre cotisation et de celle de l'employé à un bureau dit de contribution ou, en l'absence d'un tel bureau, à un bureau de poste ; il est autorisé à prélever sur le traitement de l'employé le montant de la cotisation de ce dernier. En guise de quittance, il reçoit des timbres du bureau auquel il a effectué le versement, et il doit, sous peine d'une amende de 300 marcs (372 fr.), les apposer sur la carte d'assurance que l'employé est tenu de lui présenter ; enfin, sous peine d'une amende de 30 marcs (37 fr. 20), il doit les oblitérer. Lorsque l'assuré est occupé par plusieurs patrons soit simultanément, soit successivement au cours du même mois, chaque patron doit verser, à la fin du mois, une cotisation égale à 8 p. 100 du salaire qu'il a payé ; si le montant total des cotisations versées de la sorte excède le taux mensuel de la classe de traitement la plus élevée, le surplus est imputé au crédit de l'employé pour les mois subséquents. En tous cas, l'assuré doit se faire délivrer, sous peine d'une amende de 10 marcs (12 fr. 40), une carte par l'autorité locale en présentant une carte dite d'admission qui fournit tous les éléments d'état-civil et de rémunération spéciaux à l'intéressé ; la carte d'admission est envoyée à l'établissement d'assurance pour lui faire connaître l'affiliation du nouvel assuré et lui permettre l'ouverture et la tenue d'un compte au nom de celui-ci ; de plus, pour que cet établissement soit informé des modifications éventuelles survenues dans la famille et susceptibles de se répercuter sur les charges financières, l'assuré est tenu, sous peine d'une amende de

10 marcs (12 fr. 40), d'échanger la carte d'assurance au moins tous les cinq ans avec présentation d'une nouvelle carte d'admission. Ces prescriptions rigoureuses pour l'employé ont une contrepartie dans les mesures qui préviennent tout abus des cartes entre les mains du patron : la loi spécifie que les cartes ne doivent porter que les inscriptions prévues par la loi : toute appréciation relative à la conduite ou aux services du titulaire expose à une amende de 20 marcs (24 fr. 80) et, si cette inscription a été effectuée pour signaler à d'autres patrons le porteur de la carte, à une amende de 2.000 marcs (2.480 fr.) et à un emprisonnement de six mois ; de plus, une amende de 300 marcs (372 francs) et le paiement de dommages-intérêts frappent quiconque retient une carte d'assurance contre le gré du titulaire.

Le recours à l'emploi des timbres admet toutefois des dérogations : le patron peut notamment payer la cotisation à l'aide de chèques postaux ; en ce cas, la quittance du versement est fournie : 1° au patron, soit par le coupon resté entre ses mains, soit par l'avis qu'il reçoit de l'inscription effectuée au débit de son compte ; 2° à l'employé, par une mention que le patron inscrit sur la carte d'assurance pour attester que l'employé a payé sa cotisation.

ORGANES D'ASSURANCE

Ce régime est celui qui vise le cas général, c'est-à-dire l'affiliation de l'assuré à l'institution d'assurance officielle. Cette institution, qui fonctionne pour tout l'Empire comme un organe d'assurance mutuelle, est gérée par une direction et par un Conseil d'administration dont le président est nommé à vie par l'Empereur et dont un certain nombre de membres sont élus par les délégués des patrons et des employés selon les règles de la représentation proportionnelle; c'est également d'après les mêmes règles que les patrons et les employés désignent des hommes de confiance qui agissent comme organes locaux de l'institution et qui nomment des assesseurs-patrons et des assesseurs-employés appelés à siéger avec un président officiel dans les comités dits de pensions : ces comités sont chargés de déterminer et de servir les allocations et d'instruire toutes les affaires d'assurances ; ils peuvent, en outre, être chargés de surveiller la conduite des pensionnés et le paiement des cotisations.

A côté de cette institution officielle, la loi prévoit à titre transitoire l'intervention de caisses qualifiées les unes de complémentaires, les autres de supplétives. Les caisses complémentaires garantissent des allocations de même nature que les allocations légales : si le patron y contribue pour une somme égale à celle que la loi lui impose, le patron et l'employé sont dispensés de verser une cotisation à l'institution officielle : ils se bornent à acquitter les cotisations statutaires auprès de la caisse et celle-ci les transmet à l'institution officielle ; lorsqu'un sinistre survient, cette dernière remet les allocations légales à la caisse qui sert à l'employé les allocations statutaires. Les caisses supplétives remplacent l'institution officielle : elles doivent servir des allocations équivalentes aux allocations légales et recevoir du patron des cotisations au moins égales à la cotisation légale ou à la cotisation de l'employé si cette dernière surpasse le taux légal ; les membres de ces caisses sont dispensés de la participation à l'institution officielle. Enfin, la même dispense est admise au profit de ceux qui se sont assurés, avant le vote de la loi, auprès d'une entreprise d'assurance sur la vie ou qui s'y sont assurés ultérieurement, mais depuis trois ans et après avoir atteint l'âge de 30 ans, pourvu que la prime soit au moins égale à la cotisation légale; le patron verse alors sa cotisation à l'institution officielle qui, en retour, sert à l'assuré la moitié de la pension légale.

ALLOCATIONS

1. *Conditions de service et taux des allocations.*

Les allocations sont tarifées comme suit :

1° La *pension d'invalidité* est allouée, quel que
soit l'âge de l'assuré, à quiconque est incapable,
par suite soit d'infirmité physique, soit de dé-
bilité physique ou intellectuelle, d'exercer une
profession d'employé : le législateur considère
comme invalide à ce titre tout individu dont
la capacité de travail est réduite au-dessous de
la moitié de celle d'un assuré sain de corps et
d'esprit, pourvu de la même instruction et de
connaissances et d'aptitudes équivalentes : il
rapproche l'état de l'invalide de celui d'un employé de l'une quelconque des professions visées
par la loi, et non de celui d'un employé de la
profession de l'intéressé ; c'est qu'en effet l'assurance légale s'applique à des individus qui
diffèrent tant par leur emploi que par leur
profession, de telle sorte que l'invalide, devenu incapable d'exercer sa profession, peut
être apte à en exercer une autre. L'invalidité
est présumée tantôt permanente, tantôt temporaire ; mais, dans ce dernier cas, il faut qu'elle
ait duré sans interruption pendant 26 se-

maines. De plus, pour avoir droit à une pension, l'assuré doit avoir accompli un stage ou période d'attente dont la durée est fixée à 120 mois pour les hommes et à 60 mois pour les femmes : cette durée est respectivement portée à 150 et à 90 mois pour les assurés qui n'ont pas été assujettis pendant 60 mois ; une telle majoration du stage a pour but d'éviter que l'assurance ne soit exploitée par des employés qui s'y affilieraient au bout d'une carrière trop brève et qui obtiendraient, au prix de versements minimes, les avantages légaux au détriment de la collectivité des assurés. Si, d'ailleurs, les conditions imposées aux femmes sont moins rigoureuses que celles dont les hommes sont l'objet, c'est qu'elles apportent un risque moindre par suite de l'absence d'allocation de veuve et que, d'autre part, il est impossible de réduire à leur profit le taux de la cotisation sans porter préjudice aux hommes sur le marché du travail. Au reste, il ne suffit pas que le stage ait été accompli pour que le droit à la pension existe : il faut, en outre, que des cotisations aient été versées pendant 8 mois au moins durant chacune des 10 premières années qui suivent l'affiliation à l'assurance et pendant 4 mois durant chacune des années suivantes : si cette condition n'est pas remplie, le droit s'éteint avant même l'accomplissement du stage. Mais le droit éteint peut renaître si les sommes arriérées sont acquittées dans l'année qui en suit l'échéance ou si, le stage n'étant pas encore accompli, l'institution officielle d'assurance accorde un délai de paiement.

Le montant de la pension d'invalidité a été fixé par la loi eu égard à cette présomption légale que l'assuré dont la capacité n'est réduite que de moitié peut encore user de son reliquat de validité, et à raison de ce fait que l'assuré dont la capacité de travail est tombée au tiers reçoit en général la pension d'assurance ouvrière ou, s'il n'en est point bénéficiaire, dispose de ressources suffisantes pour avoir contracté une assurance distincte. Le calcul a déterminé sur ces bases l'adoption des taux suivants : la pension s'élève à 1 /4 des cotisations payées pour le stage légal et à 1 /8 des cotisations acquittées pour les mois subséquents ; la majoration ne commence pour les femmes qu'après 120 mois de cotisation, bien qu'à partir du 61e mois elles aient droit à une pension égale à 1 /4 de leurs cotisations.

La détermination de la pension d'employé suppose donc, dans certains cas, l'existence d'une pension d'ouvrier : c'est qu'en effet les employés visés par la loi du 20 décembre 1911 sont en grand nombre assujettis à l'assurance ouvrière, lorsque leur traitement annuel n'excède pas 2.000 marcs (2.480 francs) ; bien plus, ils ont intérêt à continuer cette assurance, tant que leur traitement annuel n'excède pas 5.000 marcs (6.200 francs) et cela par le simple versement de 10 cotisations hebdomadaires par an ; du reste, si l'employé est admis comme invalide au sens de la loi de 1911, lors même que, sa capacité de travail n'étant pas réduite au tiers, il n'a pas encore droit à la pension ouvrière, il est dispensé de cotisation d'assurance ouvrière.

Les exemples suivants, où les calculs ont été effectués en supposant le versement régulier d'une cotisation chaque mois, permettent d'apprécier les effets de ce tarif :

a) Un employé gagnant moins de 550 marcs (682 francs) par an obtient une pension de 198 marcs (245 fr. 52) au bout de 10 ans, de 279 marcs (345 fr. 96) au bout de 25 ans, de 414 marcs (513 fr. 36) au bout de 50 ans.

b) Un employé gagnant de 1500 à 2000 marcs (1860 à 2480 francs) par an obtient une pension de 498 marcs (617 fr. 52) au bout de 10 ans, de 804 marcs (996 fr. 96) au bout de 25 ans, de 1314 marcs (1629 fr. 36) au bout de 50 ans.

c) Un employé gagnant de 2000 à 2500 marcs (2480 fr. à 3100) par an obtient une pension de 396 marcs (491 fr. 04) au bout de 10 ans, de 693 marcs (859 fr. 32) au bout de 25 ans, de 1188 marcs (1473 fr. 12) au bout de 50 ans.

Ces chiffres montrent que l'employé qui gagne plus de 2000 marcs (2.480 francs) par an reçoit une pension moindre que celle de l'employé qui gagne de 1500 à 2000 marcs (1860 à 2480 francs) : ce résultat s'explique par le fait que la pension ouvrière ne s'ajoute pas pour le premier à la pension d'employé, puisque l'assurance ouvrière cesse d'être obligatoire à partir de cette limite de traitement.

2° La *pension de vieillesse* est allouée à l'âge de 65 ans si le stage légal a été accompli et, dans le cas contraire, à l'expiration de ce stage ; elle se calcule comme la pension d'invalidité.

3° Une *pension* est allouée à la *veuve* de l'assuré, lors même que celle-ci est valide, pourvu que le défunt ait accompli le stage légal : cette pension est égale aux 2 /5 de celle que le conjoint avait ou aurait obtenue à l'époque de son décès. Le veuf incapable de travailler a les mêmes droits que la veuve.

4° Des *pensions* sont servies aux *orphelins* de l'assuré jusqu'à l'âge de 18 ans ; elles sont égales pour chacun d'eux à 1 /3 ou à 1 /5 de la pension de veuve, c'est-à-dire :

$$\text{à } \frac{2}{5} \times \frac{1}{3} = \frac{2}{15} \quad \text{ou à } \quad \frac{2}{5} \times \frac{1}{5} = \frac{2}{25}$$

de la pension d'invalidité du parent décédé, selon qu'ils sont ou non orphelins de père et de mère.

Le total des pensions de veuve et d'orphelins

ne doit pas excéder la pension d'invalide : sinon,
elles sont réduites proportionnellement.

Des mesures de faveur ont été instituées au
profit des femmes : ainsi, lorsqu'une femme assurée se remarie et cesse d'être assurée après avoir
accompli le stage légal, elle obtient le remboursement de ses cotisations à l'exclusion de celles
de ses anciens patrons ; de même, la femme qui
cesse d'être assurée pour un motif quelconque,
mariage ou autre, peut obtenir, au lieu de ce
remboursement, une rente viagère, solution plus
avantageuse parce que l'intéressée ne perd pas le
bénéfice des cotisations patronales. La veuve
qui se remarie reçoit en tous cas une somme, une
fois payée, égale au triple du montant annuel de
sa pension.

L'institution d'assurance peut appliquer un
traitement préventif ou curatif de l'invalidité ; mais elle ne peut imposer le transport dans
un établissement thérapeutique sans le consen-
tement de l'invalide, si ce dernier est marié et vit
dans sa famille. D'autre part, l'hospitalisation
peut remplacer tout ou partie du service de la
pension, si l'assuré le demande. En cas de transport de l'invalide dans un établissement thérapeutique, la pension peut être supprimée en
tout ou en partie et les ayants droit dont il était
le soutien reçoivent un secours journalier égal
aux 3/20 de la dernière cotisation mensuelle.

L'assuré n'est pas, du reste, obligé de verser une cotisation jusqu'à la survenance du sinistre : lorsqu'il a accompli le stage de 120 mois, il peut se borner au versement annuel d'une somme de 3 marcs (3 fr. 72) destiné à faire connaître son existence à l'institution d'assurance : cette somme, à la différence d'une cotisation, ne contribue nullement à l'augmentation des droits de l'assuré.

Si le pensionné se rend à l'étranger, l'institution d'assurance peut remplacer le service de la pension par le versement unique d'une somme égale à la moitié du capital constitutif, c'est-à-dire correspondant aux cotisations de l'employé. Si la pension se cumule avec une pension ouvrière ou avec le revenu d'une occupation lucrative, elle est réduite lorsque le total des diverses allocations excède le traitement annuel qui correspond aux 60 cotisations mensuelles les plus élevées : ce cas se présente notamment pour l'assuré qui, après avoir atteint l'âge de 65 ans, continue à travailler ou qui a été blessé dans sa jeunesse ; toutefois les ressources personnelles de l'assuré qui ne proviennent point de son travail, par exemple une pension servie par un assureur privé, peuvent être cumulées sans limite avec la pension légale.

2. *Détermination*
et paiement des allocations.

La détermination des allocations est effectuée par le comité de pensions susvisé, dont la décision peut être attaquée dans le délai d'un mois devant un tribunal arbitral composé de délégués élus par les hommes de confiance des patrons et des employés et siégeant sous la direction d'un président officiel ; la décision du tribunal arbitral peut être l'objet d'un pourvoi en revision devant un tribunal arbitral suprême qui siège à Berlin et dont la constitution est analogue à celle des tribunaux arbitraux.

Les allocations sont payées par l'intermédiaire de l'administration des postes.

ÉTENDUE DE L'ORGANISATION

L'importance de l'organisation créée au profit des employés allemands ressort des chiffres suivants. On prévoit que la première année le montant des primes s'élèvera à 150 millions de marcs (186 millions de francs) et qu'il croîtra ensuite d'année en année par suite de l'augmentation du nombre des assurés et du taux des salaires, de telle sorte qu'au bout de 10 années la fortune de

l'institution d'assurance officielle atteindra
2.400 millions de marcs (près de 3 milliards de
francs) dont un quart, aux termes de la loi, soit
600 millions de marcs (744 millions de francs)
placé en valeurs d'Empire et le reste, soit 1.800
millions de marcs (2.232 millions de francs) en
valeurs parmi lesquelles domineront les titres
hypothécaires : le nombre des assurés s'élèvera à
1.330.000. Ces chiffres méritent d'autant plus
l'attention que les résultats espérés doivent être
obtenus par les sacrifices exclusifs des employés
et des chefs d'entreprise en l'absence de toute
contribution directe de l'Etat.

II. — AUTRICHE

Le législateur autrichien, à la différence du législateur allemand, a institué l'assurance-invalidité obligatoire en faveur des employés avant d'organiser au profit des ouvriers un régime similaire. Cette procédure est d'autant plus remarquable que l'Autriche n'avait été que l'imitatrice de l'Allemagne dans la création de l'assurance obligatoire contre les accidents et la maladie.

BÉNÉFICIAIRES DE L'ASSURANCE

La loi autrichienne du 16 décembre 1906 assujettit à l'assurance obligatoire les employés (1), c'est-à-dire, au sens de la loi, les travailleurs qui sont rémunérés d'ordinaire au mois ou à

(1) La terminologie autrichienne fait usage du mot *Angestellte* qui est plus général que le mot *Privatbeamte* et qui est même trop général eu égard à la préoccupation du législateur de ne viser que « le corps des officiers de l'armée ouvrière » *(Bericht des sozialpolitischen Ausschusen. p. 3).*

l'année (1) et qui à ce titre reçoivent au minimum 600 couronnes (2) par an.

A cette double condition de mode et de taux
de rémunération s'ajoutent une condition d'âge
et une condition de fonctions : il faut, d'une part,
que l'intéressé soit âgé d'au moins 18 ans et de
moins de 55 ans, et, d'autre part, que ses services
soient exclusivement ou principalement intellectuels ou qu'il ait la qualité de fonctionnaire,
c'est-à-dire qu'il soit chargé de travaux définis
qualitativement et non quantitativement, surtout intellectuels et rétribués par un traitement
fixe. Le caractère intellectuel est d'ailleurs appré-
cié très largement tant par la loi que par l'ordonnance du 22 février 1908 rendue pour son exécution : ainsi ce caractère est reconnu à toute occupation qui exige une instruction antérieure ; une
occupation manuelle, si elle remplit cette condi-

(1) D'après une interprétation autorisée (*Korkisch, Kommentar zum Pensionsversicherungsgesetz.* 1911, p. 2, note 4) il
faut que la rémunération soit *fixée* par période non inférieure
à un mois ; il ne suffit pas qu'elle soit *payée* par période non
inférieure à ce minimum : ainsi, lorsque la rémunération est
fixée à la journée mais est payée à la fin du mois, le travailleur n'est pas assujetti ; sinon, comme la cotisation est exi-
gible au début de chaque mois, on ignorerait au début du mois
si et dans quelle classe l'employé doit être assuré puisque le
montant de la rémunération dépendrait du nombre des journées
de travail fournies dans le mois ; de plus, la loi prévoit qu'il
s'agit d'un mode de rémunération usuel : l'expression « d'ordinaire » a pour objet d'éviter qu'un patron, en rémunérant
ses employés, contrairement aux usages de la profession, par
semaine ou par jour, les soustraie à l'obligation de l'assurance.
(2) La couronne d'or valant au pair 1 fr. 05, la conversion des
couronnes en francs est inutile pour l'appréciation de l'importance des données autrichiennes.

tion et si elle n'est que temporaire, motive l'assujettissement ; de même, si un employé est chargé d'un service pour lequel il est qualifié par son instruction et si ce service n'est pas exclusivement manuel, il est soumis à l'obligation de l'assurance. Toutefois, d'après un arrêt du 20 mai 1910 de la Cour de justice administrative, il faut que les opérations manuelles soient destinées à fournir, non le résultat du travail, mais seulement la traduction écrite ou verbale d'opérations intellectuelles et que l'esprit et la volonté ne se bornent pas à diriger l'action du corps. Un tel critérium offre l'avantage de ne pas exposer l'employé à des alternances d'assujettissement et de non-assujettissement qui, contrairement au vœu de la loi, ne permettraient pas à l'employé d'obtenir une pension correspondant à la durée de sa vie laborieuse. Par contre, la loi exclut formellement les ouvriers industriels, mineurs, agricoles et forestiers dont les services consistent dans la production directe des objets et dans l'exécution d'autres travaux surtout physiques, ainsi que les domestiques : de même, l'arrêt précité exclut les vendeurs au détail et les commis de magasin. Au reste, c'est l'assujettissement de l'occupation plutôt que celui de l'employé qui est prévu par la loi : un individu qui, en raison d'une première occupation, n'est pas soumis à l'obligation de l'assurance peut l'être en raison d'une seconde : ainsi la loi exige que l'intéressé, pour être assujetti, obtienne chez un seul et même patron la rémunération précitée de 600 couronnes, de telle sorte que la réalisation de ce minimum par la totalisation de traitements inférieurs reçus chez divers patrons ne procure pas à l'employé l'admission aux avantages légaux ; mais, s'il obtient la rémunération minima chez un patron, les autres patrons qui l'occupent demeurent étrangers à l'assurance, les uns parce que la rémunération allouée par eux n'atteint pas le maximum, les autres parce que l'occupation qu'ils procurent à l'employé n'est, pour celui-ci, qu'une occupation accessoire.

La loi n'est pas, du reste, limitée aux employés des entreprises privées ; elle s'applique également à ceux des services publics qui ne jouissent pas d'un droit à la pension, c'est-à-dire aux employés des entreprises industrielles des provinces ou des communes ; mais elle n'atteint aucun employé de la Cour ou de l'Etat.

Aucun maximum de rémunération n'est assigné pour l'obligation de l'assurance : seule l'obligation du patron au paiement d'une cotisation cesse au-delà d'un traitement annuel de 7.200 couronnes.

L'assurance facultative n'a donc un objet que si l'employé désire rester assuré après abandon d'une occupation assujettie ou au cours d'un travail permanent à l'étranger, et elle ne peut

être souscrite pour une rémunération supérieure
au dernier traitement obtenu par l'assuré.

AVANTAGES GARANTIS
ET COTISATIONS IMPOSÉES

Les avantages garantis sont essentiellement
les suivants :

1º Une pension d'invalidité ; 2º une pension
de vieillesse après 480 mois d'assurance ; 3º des
pensions et allocations aux veuves et aux orphelins des assurés.

Sans entrer dans les détails de l'organisation
définie par les 95 articles de la loi, les 72 articles
de l'ordonnance et les 116 articles des statuts de
l'institution officielle d'assurance, il est possible
de résumer comme suit le mécanisme de l'assurance.

Les employés sont répartis entre six catégories ou « classes de traitements » d'après l'importance de leur rémunération annuelle : ces
catégories sont définies par les minima respectifs de 600, 900, 1200, 1800, 2400, 3000 couronnes.
Les cotisations qui varient avec la classe atteignent mensuellement les taux respectifs de 6, 9,
12, 18, 24 et 30 couronnes ; leurs montants
annuels représentent, par comparaison avec les
limites inférieures des classes de traitements,
12 p. 100 du traitement minimum, soit environ

10 p. 100 du traitement moyen de chaque classe. L'employé ne peut d'ailleurs s'assurer dans une classe supérieure à celle que lui assigne son traitement effectif : le législateur lui a fourni d'autres moyens, indiqués ci-après, pour améliorer les allocations garanties.

Les cotisations sont supportées à la fois par l'employé et le patron tant que la rémunération annuelle n'excède pas 7.200 couronnes : au-delà de cette limite, l'employé doit acquitter l'intégralité de la cotisation ; la part respective de l'employé et du patron varie d'ailleurs avec l'importance de la cotisation : tant que celle-ci n'excède point 18 couronnes par mois, c'est-à-dire tant que le traitement annuel n'excède pas 2.400 couronnes, le patron en paie les deux tiers ; au-dessus de ce traitement, c'est-à-dire si la cotisation atteint 24 ou 30 couronnes par mois, il n'en supporte que la moitié ; d'ailleurs, en tous cas, au bout de 480 mois d'assurance, le droit à la pension de vieillesse s'ouvre et le paiement de la cotisation prend fin.

L'Etat ne fournit aucune contribution au service des allocations.

PAIEMENT DES COTISATIONS

La cotisation est payée par le patron qui est autorisé à en prélever sur le traitement de l'em-

ployé la quote-part incombant à ce dernier. Un
prélèvement volontairement exagéré entraîne
une amende de 400 couronnes et, en cas de non
paiement, un emprisonnement d'un mois. C'est
d'ailleurs le patron seul qui est admis à effectuer
le versement : l'employé qui viendrait à payer la
cotisation en cas de retard du patron n'aurait aucun droit de recours contre celui-ci pour le remboursement de la quote-part patronale. A la fin
de chaque mois, le patron doit envoyer la cotisation avec un état justificatif au bureau régional
de l'institution d'assurance, et cela soit par paiement direct soit par chèque postal : l'état fourni
le 1er janvier indique le nom de chaque employé,
sa classe de traitement et sa cotisation mensuelle ; les états mensuels ultérieurs ne signa-
lent que les changements survenus dans le
montant de la cotisation de chaque employé.
Le droit, pour le patron, d'effectuer le précompte
doit être exercé dans un délai de trois mois qui, à
défaut de spécification légale, court de la première paye qui suit l'échéance de la cotisation.
Les cotisations arriérées sont majorées d'un intérêt de 4 p. 100 et peuvent être recouvrées par
voie d'exécution forcée : leur irrécouvrabilité
n'entraîne pas la déchéance du droit aux allocations. Lorsque l'assuré est occupé simultanément par plusieurs patrons, il n'est considéré
comme assujetti qu'à raison de son occupation
principale, et cette dernière n'est autre que

celle dont il obtient la rémunération la plus élevée.

ORGANES D'ASSURANCE

L'assurance est réalisée normalement par une institution officielle ; elle peut l'être également par des institutions privées.

L'institution officielle (*allgemeine Pensionsanstalt für Angestellte*), dont le siège est à Vienne et qui jouit de la personnalité civile, est un organe d'assurance mutuelle dont les membres sont les employés et les patrons. La gestion en est confiée : 1° à un Comité directeur dont le président est nommé pour cinq ans par le ministre de l'Intérieur et dont les 20 autres membres sont élus moitié par les patrons et moitié par les assurés ; chacun de ces deux groupes de membres élit un vice-président ; 2° à une Assemblée générale composée de délégués, que les Commissions des bureaux régionaux élisent moitié parmi les employés et moitié parmi les patrons. L'institution est pourvue, à titre d'organes d'exécution : 1° d'une Commission administrative composée du président, des deux vice-présidents, d'un membre-employé et d'un membre-patron du Comité directeur désignés l'un et l'autre par ce Comité et, à titre consultatif, du secrétaire général de l'institution et de son suppléant ; 2° de bureaux régionaux

(*Landestellen*) créés en principe pour chacune des provinces, sauf réunion ou décomposition exceptionnellement décidée par le ministre de l'Intérieur : ces bureaux sont au nombre de dix, savoir : deux pour la Bohême ; deux pour la Moravie ; un pour la Basse-Autriche ; un pour la Haute-Autriche, le pays de Salzbourg, le Tyrol et le Vorarlberg ; un pour la Styrie et la Carinthie ; un pour la Silésie ; un pour la Galicie et la Buckowine ; un pour la ville de Trieste, l'Istrie, la Carinthie et la Dalmatie ; chacun d'eux a un règlement distinct ; représentants judiciaires et extra-judiciaires de l'institution d'assurance, ils peuvent contracter, rendre des décisions légalement obligatoires et ester en justice ; ils sont chargés de l'ensemble des relations avec les membres de l'institution suivant les règles fixées par celle-ci, tant au point de vue administratif (réception des demandes d'allocations, tenue des listes d'assurés et de pensionnés) qu'au point de vue financier (recouvrement des cotisations, surveillance des ayants droit en vue du retrait éventuel des allocations, propositions d'emploi des capitaux) ; ils sont gérés, avec le concours éventuel d'agents locaux, par une Commission constituée comme le Comité directeur, sauf réduction de moitié du nombre des membres élus, et par une assemblée de délégués des membres. Les décisions relatives aux allocations sont prises par une Commission des pensions constituée, au sein de la Commission du bureau régional, à l'aide du président, d'un membre-employé et d'un membre-patron de celle-ci.

A côté de cette institution officielle, la loi admet l'intervention d'autres institutions ou d'autres conventions, qualifiées les unes et les autres de supplétives :

a) Les institutions supplétives (*Ersatzinstitute*) doivent fonctionner et être officiellement autorisées comme des entreprises d'assurance privées ; mais leur admission au rôle d'assureurs des employés ne peut être refusée si elles remplissent une série de conditions définies par la loi, savoir : 1° équivalence des allocations aux allocations légales ; 2° limitation des cotisations qui peuvent excéder les taux prévus par la loi, tant pour la quote-part de l'employé que pour celle du patron, mais seulement dans la mesure où les allocations garanties dépassent les allocations légales ; 3° transfert, en cas de changement d'assureur, de la réserve mathématique qui aurait dû être constituée auprès de l'institution d'assurance officielle ; 4° examen technique quinquennal et obligation de pourvoir éventuellement, par des moyens déterminés, au déficit actuariel ; 5° acceptation d'une juridiction déterminée soit arbitrale, soit ordinaire, de la surveillance de l'Etat et de la nécessité d'homologation des statuts ; 6° constitution de réserves spéciales ou de garanties équivalentes si l'institution ne compte pas au moins 100 membres.

b) Les conventions supplétives (*Ersatzver-träge*) sont souscrites tantôt entre le patron et une institution d'assurance, tantôt entre le patron et l'employé ; dans les deux cas, l'adhésion ministérielle est nécessaire ; mais, tandis que dans le premier elle ne peut être refusée si les conditions légales sont remplies, elle peut toujours l'être dans le second ; dans le premier cas, ces conditions ne sont autres que celles de l'équivalence des allocations, de la limitation des cotisations et du transfert de la réserve mathématique ; la détermination de la juridiction s'y joint dans le second cas (1) avec obligation pour le patron de fournir une garantie spéciale de l'exécution de ses engagements.

Le passage d'un assuré de l'institution officielle à une institution privée a été formellement prévu : il entraîne le transfert de la réserve mathématique correspondante : l'assuré obtient alors les droits qui, d'après les statuts de l'institution privée, correspondent à cette réserve. De même, la loi a réglé les conditions auxquelles les opérations d'une institution peuvent être assumées par une autre : il est nécessaire, d'une

---

(1) L'ordonnance de 1908 a aggravé les dispositions légales : en effet, elle exige que l'admission de l'assuré ne soit pas subordonnée à des conditions personnelles d'état civil ou de santé, et que les cotisations n'excèdent jamais les cotisations légales, et elle ne prévoit point le cas de la majoration des cotisations eu égard à celle des allocations.

part, qu'une homologation officielle intervienne et, d'autre part, que le nouvel assureur reçoive de l'ancien un capital suffisant pour faire face aux charges qu'il a acceptées.

Quant aux institutions et aux conventions qui n'ont pas obtenu l'autorisation officielle, le patron peut réduire les prestations que le contrat lui impose en en retranchant la fraction des allocations légales qui correspond à la part prise par lui aux charges légales.

ALLOCATIONS

1. *Conditions de service et taux des allocations.*

Les allocations sont tarifées comme suit :

1º La *pension d'invalidité* est allouée, quel que soit l'âge de l'assuré, à quiconque est incapable, par suite d'infirmité physique ou intellectuelle, d'exercer « son ancienne profession » ; mais le législateur n'entend point par cette expression la simple incapacité d'exercer la profession précise de l'assuré (*Berufsinvalidität*) ; il assimile à cette profession toute « occupation répondant aux forces de l'assuré » ; et, bien que ce dernier texte semble viser l'inaptitude à tout travail (*Arbeitsinvalidität*), le législateur, d'après l'exposé des motifs, n'a entendu viser que l'invalidité de groupe professionnel (*Standesinvali-*

dität), c'est-à-dire l'incapacité d'exercer une profession d'employé : il a estimé, en effet, que les assujettis, en raison du caractère de leur instruction théorique et pratique et de leur occupation, sont tous qualifiés pour une seule et même profession (1). Au reste, est seul déclaré invalide à ce titre l'individu qui ne gagne pas une rémunération égale à la pension d'invalidité et au moins à 600 couronnes par an ; le législateur a admis, en effet, que la pension d'invalidité constitue le minimum d'existence à garantir à l'employé et que celui-ci est présumé avoir trouvé une occupation appropriée s'il obtient par son travail une rémunération atteignant ce minimum : les ressources personnelles de l'assuré n'interviennent pas dans ce calcul. L'invalidité temporaire motivée par une simple maladie est assimilée à l'invalidité permanente, pourvu qu'elle entraîne la dissolution du contrat de service parce que le droit aux allocations de l'assurance n'existe point pendant la durée de l'assujettissement. Toutefois, pour avoir droit à une pension, l'assuré doit avoir accompli un stage ou période d'attente dont la durée est fixée à 120 mois (ou 10 ans) ; il n'en est dispensé que si l'invalidité résulte d'un accident en relation avec le travail et survenu dans l'accomplissement de celui-ci.

(1) Document n° 874 de la Chambre des Députés (*Abgeordnetenhaus*), pages 35 et 36.

Le droit aux allocations n'est pas subordonné au paiement de la cotisation : il est acquis par l'existence de l'occupation assujettie à laquelle se livre l'employé ; la loi, dans son article 1er, déclare, en effet, que les intéressés sont, non seulement assujettis, mais encore « assurés » ; l'ordonnance de 1908 spécifie également en termes formels que le paiement de la cotisation n'est pas nécessaire à l'exercice du droit à pension (art. 4) ; c'est l'assurance, et non l'exécution des obligations imposées par l'assurance, qui confère le droit aux allocations ; par contre, l'assurance confère à l'institution d'assurance le droit de recouvrer les primes selon les règles légales.

Le respect des droits de l'assuré s'affirme d'ailleurs lorsque l'assurance prend fin par la cessation de l'occupation assujettie : il peut, à son gré, soit conserver les droits acquis, soit réclamer les cotisations versées « par lui-même » (1) sans intérêt. De même, l'assuré qui devient invalide avant l'achèvement du stage légal peut continuer l'assurance dans le silence de la loi qui subordonne l'extinction de l'assurance au « bénéfice » d'une pension (art. 24,

____

(1) Une nouvelle preuve du souci de l'équité dans l'application de cette loi est donnée par l'interprétation de ces derniers mots : bien que la loi, en les inscrivant (art. 25, §1), semble limiter le droit de l'employé à la quote-part de la cotisation qu'il a versée, l'ordonnance de 1908 (art. 27, § 2 *in fine*) l'étend à la quote-part de la cotisation payée par le patron lors même que celui-ci a bénévolement renoncé au précompte.

n° 3) et qui, par suite, n'interdit pas l'assurance volontaire à l'assuré qui n'est point pensionné faute d'avoir accompli le stage : celui-ci peut donc continuer l'assurance jusqu'à l'achèvement de ce stage et obtenir alors la pension à laquelle lui donne droit son invalidité. Bien plus, l'assuré, qui, après avoir continué l'assurance à titre facultatif, cesse d'être assuré, a droit à 75 p. 100 (1) de la réserve mathématique qu'il s'est constituée pendant la durée de l'assurance facultative. De même, la veuve qui cesse d'être assurée au cours des deux années qui suivent son remariage a droit à l'intégralité de sa réserve mathématique. Enfin, si l'assuré passe d'une institution d'assurance à une autre, la première doit transférer à la seconde la réserve mathématique de l'assuré. Dans ces divers cas, la réserve est calculée d'après la dernière rémunération obtenue par l'assuré ; de là, en cas d'élévation récente du traitement, une aggravation des charges auxquelles le législateur a pourvu par une majoràtion de 5 p. 100 des cotisations destinée à la création d'un fonds qui permet de compléter la réserve mathématique constitué antérieurement à la hausse de la rémunération (2).

(1) S'il n'a pas droit à l'intégralité de cette réserve, c'est que l'institution d'assurance doit recevoir une indemnité pour le risque qu'elle avait assumé.

(2) Voir dans les travaux préparatoires *Bericht des sozialpolitischen Ausschusses*. Doc. n° 2462 de la Chambre des Députés *(Abgeordnetenhaus)*, p. 40.

Le montant de la pension d'invalidité a été fixé par la loi eu égard à la dernière rémunération de l'assuré lors de l'achèvement du stage (1) et eu égard aux rémunérations qu'il touche ultérieurement. Si, au cours du stage, l'assuré est victime d'un accident du travail, la pension est calculée d'après la dernière rémunération. Ainsi conçue, la pension d'invalidité se compose de deux parties : l'une fixe, dite valeur fondamentale, est déterminée d'après la rémunération obtenue soit à la fin du stage, soit à la date de l'accident, selon que l'invalidité est naturelle ou accidentelle ; l'autre variable, dénommée taux de majoration, dépend de la série des rémunérations obtenues depuis la fin du stage jusqu'à la survenance de l'invalidité. Le tarif est le suivant :

CLASSE de traitement	TRAITEMENT ANNUEL	COTISATION mensuelle totale = patron + employé	VALEUR fondamentale annuelle	TAUX de majoration annuel
	couronnes	couronnes	couronnes	couronnes
I	de 600 à 900 inclus	6	180	9,00
II	de 900 à 1200 —	9	270	13,50
III	de 1200 à 1800 —	12	360	18,00
IV	de 1800 à 2400 —	18	540	27,00
V	de 2400 à 3000 —	24	720	36,00
VI	au-dessus de 3000	30	900	45,00

(1) Cette méthode se recommande par sa simplicité ; mais elle offre de graves inconvénients (voir ci-après l'exposé des *Difficultés d'application*, p. 74).

Ainsi :

a) D'une part, la valeur fondamentale ressort
à 30 p. 100 de la limite inférieure de la classe de
traitement et à 25 p. 100 du total des cotisations
exigibles pour 10 années ; et, d'autre part, le
taux de majoration représente 1,5 p. 100 de la
limite inférieure de la classe de traitement et
12,5 p. 100 du total des cotisations exigibles
depuis la fin du stage.

b) Le calcul de la valeur fondamentale et
celui du taux de majoration sont absolument
indépendants l'un de l'autre : la première se fixe
à l'expiration du stage et demeure invariable
quelles que soient les valeurs du traitement
ultérieur ; le second ne dépend que de ces dernières valeurs, abstraction faite des cotisations
payées durant le stage.

c) D'après la définition légale de l'invalidité,
la pension est refusée à l'assuré lorsqu'il obtient
une rémunération qui surpasse cette pension
mais qui peut atteindre 600 couronnes par an :
de cette disposition résultent des anomalies
entre les diverses catégories d'employés selon
l'importance de leur traitement ; ainsi, en rédui-
sant même la pension à sa valeur fondamentale,
c'est-à-dire en se limitant au cas où l'invalidité
se produit après 10 années d'assurance, on cons-
tate que, dans les classes supérieures, la pension
est refusée si l'assuré gagne plus de 24 ou 30 p.
100 de son traitement antérieur, tandis que,

dans les classes inférieures, elle est accordée à un assuré qui gagne les 2/3 ou même l'intégralité de son traitement antérieur (1).

La loi permet à l'assuré d'obtenir une majoration de pension en abrégeant la durée du service à accomplir, pour obtenir plus rapidement les avantages légaux : à cet effet, il peut, au cours des cinq premières années d'assurance obligatoire, « acquérir » des années de service par le paiement d'une somme équivalente à la réserve mathématique correspondante : il complète la réserve déjà constituée jusqu'à concurrence du montant relatif à l'âge qu'il a déjà atteint et correspondant au nombre d'années de service qu'il veut acquérir ; toutefois, il ne peut réduire qu'à 60 mois (2) la durée du stage,

---

(1) En effet : 1° dans la classe V par exemple qui comprend les traitements de 2.400 à 3.000 couronnes, la valeur fondamentale (720 couronnes), étant supérieure à 600 couronnes, constitue la rémunération maxima admise pour l'invalide : or la limite inférieure de traitement antérieur est, pour cette classe, 2.400 couronnes ; la rémunération maxima admise varie donc de

$$\frac{720 \times 100}{3.000} = 24 \; 0/0 \text{ à } \frac{720 \times 100}{2.400} = 30 \; 0/0 \text{ du traitement antérieur ;}$$

2° dans la classe I qui comprend les traitements de 600 à 900 couronnes, la valeur fondamentale (180 couronnes) étant inférieure à 600 couronnes, la rémunération maxima admise est 600 couronnes, c'est-à-dire varie de

$$\frac{600 \times 100}{900} = \frac{2}{3} \text{ à } \frac{600 \times 100}{600} = 100 \; 0/0 \text{ du traitement antérieur.}$$

(2) C'est par suite d'une erreur de rédaction que le texte de la loi (art. 31, § 3) vise la réduction *de* (et non *à*) 60 mois, ce qui tendrait à faire penser — contrairement à la réalité — que l'assuré ne peut acquérir qu'au plus cinq années de service. (Voir KORKISCH, *Kommentar zum Pensionsversicherungsgesetz*, 1911, p. 36, notes 6 et 7.)

le législateur ayant voulu ménager une période
de cinq années pendant laquelle aucune pension
n'est accordée, et cela pour garantir l'institution
d'assurance contre le risque provenant de l'absence d'examen médical ; de plus, le calcul
s'effectue d'après le traitement actuel de l'assuré ; enfin, les années de service acquises doivent
correspondre à des années d'un service effectif,
telles qu'un service accompli par l'assuré soit
avant l'entrée en vigueur de la loi, soit avant la
révolution de l'âge de 18 ans, soit au prix d'un
traitement annuel inférieur au minimum légal de
600 couronnes, soit au compte de l'Etat, soit à
l'étranger ; mais ne peuvent donner lieu à acquisition des années qui ne revêtent point le
caractère d'un service prévu par la loi, telles
que des années de travail, soit indépendant, soit
rémunéré en quantité, par exemple aux pièces.
— Supposons par exemple, qu'un assuré, aujour-
d'hui âgé de 35 ans et recevant un traitement de
2000 couronnes par an, était au service d'un
employeur depuis 20 ans, le jour où il a rempli
les conditions (par ex. le minimum de salaire de
600 cour.) pour être assujetti ; il peut, au cours
des cinq premières années d'assujettissement,
demander qu'il lui soit compté pour l'assurance
tout ou partie des 20 premières années de service; si par exemple, au bout de 4 ans d'assujettissement, il demande que 12 ans de service
lui soient comptés, il doit verser l'excédent de

la réserve mathématique relative à 16 ans de service sur la réserve mathématique relative à 4 ans de service pour l'âge de 35 ans et le traitement annuel de 2000 couronnes. Les tableaux annexés aux statuts de l'institution officielle donnent :

	Couronnes
pour la réserve mathématique à 16 ans de service.	4290,60
pour la réserve mathématique à 4 ans de service .	862,50
d'où différence..........	3428,10

Telle est la somme que doit verser l'assuré.

— La prime d'acquisition d'années de service doit être, en principe, payée en une seule fois ; mais il est permis de la verser par fractions échelonnées au cours d'une période maxima de cinq années et avec majoration de 4 p. 100 d'intérêt. Si l'assuré devient invalide ou meurt après l'accomplissement du stage, mais avant l'achèvement du versement de la prime susvisée, les ayants droit peuvent obtenir à leur gré soit le remboursement sans intérêt des sommes versées, soit l'addition d'un nombre d'années de service proportionnel à ces sommes.

2° La *pension de vieillesse* est allouée à l'assuré qui compte 480 mois (soit 40 ans) de cotisation ; elle représente ainsi 75 p. 100 de la limite inférieure de la classe de traitement correspondante ; l'assuré peut, d'ailleurs, continuer à travailler ; il lui est également loisible d'ajourner l'entrée en jouissance de la pension pour en augmenter le montant.

Comme d'ailleurs le versement des cotisations cesse à l'expiration du stage de 480 mois et qu'il ne peut être continué à titre facultatif, l'augmentation de la pension n'a d'autre origine que la majoration de la réserve mathématique existant à l'expiration du stage, majoration produite par les intérêts de cette réserve et par l'effet de la mortalité. L'augmentation de la pension peut être mise en évidence par l'exemple suivant : un employé assuré depuis l'âge de 18 ans acquiert à 58 ans le droit à la pension de vieillesse ; s'il en ajourne l'entrée en jouissance, elle s'élève pour 100 couronnes

à cour.	108,54	au bout de	1	an
	118,11	—	2	—
	128,87	—	3	—
	141,03	—	4	—
	154,80	—	5	—
	170,47	—	6	—
	188,39	—	7	—
	208,94	—	8	—
	232,68	—	9	—
	260,23	—	10	—
	292,39	—	11	—
	330,22	—	12	—

de telle sorte qu'à l'âge de 70 ans il peut obtenir une pension de cour. 330,22 au lieu d'une pension de 100 couronnes.

L'application du tarif précité conduit aux résultats schématiques suivants qui ont été obtenus en supposant que l'assuré demeure constamment dans la même classe de traitement : il convient d'ajouter que, d'après les travaux préparatoires (1), 35 $^o/_o$ de la cotisation imposée aux assurés du sexe masculin sont affectés au service des pensions et allocations de veuves et d'orphelins, tandis que 65 $^o/_o$ sont consacrés au service des pensions d'invalidité et de vieillesse, si l'on répartit également entre ces deux parts de cotisation la dotation du fonds de réserve et les frais d'administration.

CLASSE de traitement	COTISATION annuelle totale = patron + employé	PARTIE (65 %) de la cotisation affectée au service des pensions d'invalidité et de vieillesse	Pension d'invalidité au bout d'une période d'assurance égale à			Pension de vieillesse au bout d'une période d'assurance égale à 40 ans.
			10 ans	20 ans	30 ans	
	couronnes	couronnes	couronnes	couronnes	couronnes	couronnes
I	72	46,80	180	270	360	450
II	108	70,20	270	405	540	675
III	144	93,60	360	540	720	900
IV	216	140,40	540	810	1080	1350
V	288	187,20	720	1080	1440	1800
VI	360	234,00	900	1350	1800	2250

(1) Rapport de la Commission de politique sociale de la Chambre des Députés relatif au projet de loi (Doc. de la Chambre des Députés n° 2462, 1905. *Bericht des sozialpolitischen Ausschusses des Abgeordentenhauses*, p. 19).

3° Une *pension* est allouée à la *veuve* de l'assuré, lorsque le mariage a été contracté depuis au moins un an avec un assuré qui, à l'époque du mariage, n'était ni invalide ni âgé de 50 ans ; elle est égale à la moitité de celle que le conjoint avait ou aurait obtenue à l'époque de son décès. La veuve qui se remarie reçoit une somme, une fois payée, égale au triple du montant annuel de sa pension.

4° Des *pensions* dénommées subsides d'éducation (*Erziehungsbeiträge*) sont servies aux *orphelins* de l'assuré jusqu'à l'âge de 18 ans ; elles sont égales pour chacun d'eux à 2 /3 ou à 1 /3 de la valeur fondamentale de la pension de l'assuré, selon qu'ils sont ou non orphelins de père et de mère ; elles représentent donc, selon le cas, 20 ou 10 p. 100 de la limite inférieure de la classe de traitement à laquelle l'assuré appartenait lors de son décès ; si les deux conjoints décédés étaient assurés, la valeur de base est la plus élevée des deux pensions ; le total des pensions d'orphelins ne doit pas surpasser 50, 75 ou 200 p. 100 de la valeur fondamentale de base selon que la mère, le père ou les deux parents sont décédés, sans pouvoir être supérieur à la pension due à l'assuré lors de son décès.

Lorsque l'assuré meurt avant l'accomplissement du stage, la veuve ou, à défaut de veuve, les orphelins ont droit à une allocation une fois payée égale à 200 p. 100 de la valeur fondamentale de base précitée ; cette allocation représente donc 60 p. 100 de la limite inférieure de la dernière classe de traitement correspondante (1) : dès lors, si l'assuré a toujours appartenu à la même classe, l'allocation représente le montant des cotisations de cinq années, c'est-à-dire qu'en moyenne elle équivaut, lors d'un décès prématuré, au remboursement des cotisations sans intérêt.

Si le pensionné se rend à l'étranger, le service de la pension est suspendu, mais l'intéressé a droit à un capital déterminé dans chaque cas jusqu'à concurrence d'un maximum égal à 75 p. 100 de la réserve mathématique correspondante.

2. *Détermination et paiement des allocations.*

La détermination des allocations a lieu sur demande de l'intéressé adressée au bureau régional qui la transmet à la Commission des pensions dont la décision peut être attaquée dans le délai de six mois devant un tribunal arbitral composé de délégués élus par les patrons et les employés et siégeant sous la direction d'un pré-

(1) Cette méthode, qui se recommande par sa simplicité, offre toutefois de graves inconvénients (voir ci-après l'exposé des *Difficultés d'application*, p. 74).

sident officiel ; la décision du tribunal arbitral est définitive.

Les allocations sont payées par l'intermédiaire de l'administration des postes.

DIFFICULTÉS D'APPLICATION DE LA LOI AUTRICHIENNE.

1. *Historique.*

La loi autrichienne sur l'assurance des employés a eu cette étrange fortune d'être réclamée pendant dix années par les intéressés et d'être ensuite l'objet de propositions de réforme ou d'ajournement d'application.

Ce n'était qu'après de longues hésitations que le Gouvernement, sollicité par de multiples propositions et interpellations de députés des partis les plus divers, s'était décidé à une enquête sur la condition des employés des entreprises privées (1) ; il déclara, d'ailleurs, dès le début que l'Etat ne fournirait aucun subside tant que l'assurance contre la vieillesse et l'invalidité n'aurait pas été instituée en faveur des ouvriers. Les intéressés répondirent qu'ils ne sollicitaient aucune subvention, mais qu'ils se bornaient

(1) *Die Ergebnisse der über die Standesverhæltnisse der Privatangestellten im Jahre* 1896 *eingeleiteten amtlichen Erhebungen I und II. Theil,* 1898.

à demander aux pouvoirs publics l'organisation
de l'assurance obligatoire au profit des employés;
ils y voyaient, d'une part, le moyen de contrain-
dre l'universalité des patrons aux sacrifices que
de grandes entreprises avaient spontanément
consentis en faveur de leur personnel, et, d'autre
part, une garantie d'indépendance pour les employés de ces dernières entreprises que l'abandon de leur poste privait de tous les droits
acquis. Cette faveur de l'opinion pour la nouvelle assurance persista durant les deux années
de discussion du projet de loi gouvernemental,
bien que le programme officiel relatif à l'ensemble de l'assurance ouvrière eût été publié
au cours de cette période et que la constatation
des avantages exceptionnels accordés aux ouvriers fût déjà possible aux employés. Ce fut
seulement après le vote d'un projet par la Chambre des députés que l'agitation se manifesta
contre l'institution d'une assurance spéciale
aux employés : à la suite de l'assujettissement
formel des contremaîtres et des employés de
commerce, le projet fut attaqué à la fois par les
employés de commerce socialistes, qui en
exigeaient l'abandon intégral, et par certains
patrons ou employés non socialistes, qui récla-
maient des modifications de détail et un subside
de l'Etat. Les premiers demandaient à être
compris dans l'assurance ouvrière dont les cotisations leur semblaient moindres eu égard aux

avantages promis, alors que l'assurance des
employés ne leur fournissait pas, contre leur
attente, des avantages équivalents à ceux des
fonctionnaires de l'Etat ; les seconds, représentés par un groupement de création récente
(*Zentralverband oesterreichischer Kaufleute*), re-
doutaient les charges du nouveau régime pour
les petits commerçants et détaillants et récla-
maient, par suite, la limitation de l'assurance
aux employés supérieurs. La radiation, dans
le texte définitif, de la mention des deux
catégories d'intéressés ne calma point, pour
les motifs indiqués ci-dessous, les appréhensions
de ces derniers. De plus, les adversaires
de la loi profitèrent, pour organiser contre
elle une résistance passive, de l'omission de
toute sanction qui eût obligé les employés
ou les patrons à l'exécution des mesures préparatoires, telles que des déclarations, nécessaires
à la mise en vigueur de la loi. D'autre part, ils
trouvèrent de nouvelles recrues dans les adversaires particuliers de l'institution officielle qui
purent, grâce aux lacunes énumérées ci-après
du régime légal, opposer à cette institution la
redoutable concurrence d'autres organes : celle-
ci contribua d'ailleurs, pour les motifs indiqués
plus loin, à compromettre la diffusion de l'assurance et la situation des divers assureurs. De là un
mécontentement extrême tant des patrons que
des employés et une certaine inquiétude parmi

les administrateurs de l'institution officielle et
dans les sphères gouvernementales.

Interpellé à la Chambre des députés au cours
de l'année 1908, le Gouvernement répondit qu'il
ne pouvait prendre l'initiative d'une réforme
de la loi avant qu'elle ne fût entrée en vigueur
le 1er janvier 1909, mais qu'il était près à colla-
borer à une proposition modificative, qui éma-
nerait d'un membre du Parlement. Aussi, dès les
20 et 21 mai 1908, deux groupes de députés,
représentés l'un par M. von Stransky, l'autre par
MM. Licht et Günther, demandèrent le premier
que le ministre de l'Intérieur présentât au cours
de l'année 1909 un projet de loi spécial aux
employés de commerce qualifiés, le second que la
loi fût entièrement refondue selon le désir des
intéressés.

Saisie de ces deux propositions, ainsi que de
toutes les pétitions formulées, la Commission
de politique sociale (*Sozialpolitischer Ausschuss*)
de la Chambre des députés en renvoya l'examen
à une sous-commission dont le président-rap-
porteur, M. Licht, présenta son rapport le 18 décembre 1908. Elle écarta, d'une part, l'idée, émise
par les Chambres de commerce et le Conseil
de l'industrie, d'abroger la loi et de rattacher
l'assurance des employés à l'ensemble de l'assurance sociale et, d'autre part, les suggestions
du Conseil du travail (*Arbeitsbeirat*), qui ten-
daient à ajourner la mise en vigueur de la loi

jusqu'à l'intervention de sa refonte : elle jugea, en effet, que, malgré ses défauts, la loi conférait des avantages très appréciés par certains groupes d'employés ; ceux-ci s'inspiraient des motifs qui en avaient fait réclamer l'adoption et désiraient obtenir, au prix de cotisations majorées, des allocations supérieures à celles de l'assurance ouvrière ; quant à la motion dilatoire, elle aurait entraîné un ajournement de plusieurs années par suite de l'obligation de discuter les rapports de l'assurance des employés et de celle des ouvriers : or cette dernière n'était pas encore instituée et il était nécessaire qu'elle fonctionnât pendant quelques années pour que la question des rapports entre les deux assurances pût être résolue : le délai devait être plus utilement affecté à l'acquisition d'expériences directes par le fonctionnement même de l'assurance des employés. La sous-commission proposa, du moins, la réforme immédiate, qui n'exigeait aucune expérience préalable, de deux dispositions législatives : *a*) d'une part, l'obligation de l'assurance devait être limitée aux employés du commerce et des transports chargés soit de la surveillance, soit de la direction, soit d'un service intellectuel de bureau, soit de la comptabilité, soit de la caisse, afin de n'y comprendre que les employés à poste stable et à salaire élevé, c'est-à-dire capables d'obtenir des allocations importantes au prix de cotisations notables, et afin de laisser les autres employés dans le cadre de l'assurance ouvrière, en leur ménageant du moins le passage à l'assurance supérieure en cas d'ascension sociale ; *b*) d'autre part, le régime des allocations devait être amélioré, notamment par l'intervention de subsides de l'Etat.

La clôture de la session parlementaire interrompit ces travaux ; mais, dès l'ouverture de la nouvelle session, les motions des 20 et 21 mai 1908 furent reprises par leurs auteurs ; de plus, M. von Stransky demanda le retrait d'une décision ministérielle du 31 janvier 1909 qui consacrait la limitation du cercle des assurés selon les propositions de la sous-commission et contrairement au vœu de l'institution officielle (1). Aussi cette dernière, émue de la situation, ouvrit, en décembre 1909, une vaste enquête, d'abord par l'envoi de nombreux formulaires, puis par l'audition de quelques spécialistes d'une exceptionnelle compétence : la consultation des organes d'assurance et de plus de 700 groupements de patrons et d'employés permit à l'institution officielle de publier, en novembre 1910, la première partie des résultats de l'enquête, constituée par 175 réponses écrites (2) et, en janvier 1911, la seconde partie qui consistait en un mé-

(1) Voir *Bericht über die Entwicklung der allgemeinen Pensions-anstalt für Angestellte vom* 19 *september* 1909, pages 14 et 23.

(2) *Gutachten zur Novellierung des Gesetzes vom* 16 *Dezember* 1906. *I. Teil. (Systematische Darstellung der schriftlichen Exper-ise*, 1910.)

moire de l'institution, consacré à la réforme de la
loi (1). La dissolution de la Chambre des députés
obligea toutefois à ajourner l'enquête orale
prévue pour le mois de mars 1911. La reprise des
travaux parlementaires mit, du reste, en lumière
la permanence de l'hostilité contre la loi et
détermina la sous-commission, reconstituée sous
la présidence de M. Licht, à convoquer, en
juin 1912, les représentants des patrons et des
employés de commerce dont l'assujettissement
donnait lieu aux plus vives discussions. Le
Gouvernement saisit, d'ailleurs, la sous-commission d'un ensemble de propositions (2) auxquelles l'institution officielle d'assurance opposa
un contre-projet présentant trois solutions (3) ;
la sous-commission prit pour base de discussion
la première de ces solutions, en adoptant toutefois pour la détermination de la valeur fondamentale de la pension un compromis entre la
proposition du Gouvernement et celle de l'institution officielle.

2. *Examen des difficultés d'application.*

1º Une première difficulté soulevée par la

(1) *Gutachten, etc., II, Teil. (Denkschrift der allgemeinen
Pensionsanstalt für Angestellte*, 1911.)

(2) *Material* nº 2 *über eine Aenderung des Gesetzes vom*
16 *Dezember* 1906 (publié avec des explications ou *Erlæuternde
Bemerkungen*).

(3) Reproduit son annexe au document intitulé *Erlæuternde
Bemerkungen des Ministeriums des Innern zum Materiale* 2 *für
die Erweiterung einiger gesetzlicher Leistungen.*

loi autrichienne est celle de la définition de son domaine : la Chambre des députés avait d'abord assujetti formellement les contremaîtres et les employés de commerce ; la Chambre des seigneurs supprima la mention de cette double catégorie d'intéressés, notamment parce que la seconde comprenait des individus qui ne devaient pas être assujettis : elle préféra laisser à des critériums objectifs le soin de déterminer ceux d'entre eux qui devaient être régis par la loi ; mais, si la Chambre des députés accepta le texte de la Chambre des seigneurs, ce fut à la fois par lassitude à la veille de nouvelles élections et pour des motifs différents de ceux qui avaient guidé la Chambre haute : loin de voir dans l'absence d'une mention nominative des contremaîtres et des employés de commerce une limitation du domaine de l'assurance, elle admettait que cette mention pouvait être supprimée comme sans objet, ces deux catégories d'employés lui paraissant comprises dans la définition générale de la loi. Cette divergence d'interprétation des deux Chambres sur un texte fondamental devait être, dans la pratique, la source des plus graves difficultés, et le recours à un critérium tiré des services d'ordre surtout intellectuel ne put, en dépit des tentatives d'interprétation accomplies par l'ordonnance du 22 février 1908, atténuer l'ardeur et la subtilité des polémiques.

D'après la jurisprudence (1) inaugurée par l'arrêt précité du 20 mai 1910 et basée sur le caractère intellectuel de l'occupation, doit être assuré tout le personnel de bureau, c'est-à-dire le personnel chargé des travaux de correspondance, de comptabilité et de caisse, lors même que ces travaux comportent, soit à titre accessoire, soit temporairement à titre principal, des travaux de simple copie, le terme « copie » ne visant que la reproduction littérale et irréfléchie d'un texte : ainsi l'établissement d'une facture d'après une pièce (telle qu'une lettre de commande) qui en diffère essentiellement par la teneur et la forme, donne lieu à assurance, parce qu'il ne constitue pas un travail de simple copie, lors même que le texte de la pièce est reproduit littéralement dans la facture : de même sont assujetties les opérations de sténographie d'une lettre dictée suivies de la copie manuelle ou dactylographique du sténogramme. Par contre, les travaux de simple copie, les écritures d'adresses ou de lettres prises sous la dictée en l'absence de sténographie et effectuées soit à la main, soit à la machine, ne motivent pas l'obligation de l'assurance. D'après cette même jurisprudence, sont assurés le voyageur de commerce, lors même qu'il n'agit que par l'ordre de son chef, ne traite

____

(1) Cette jurisprudence a été résumée avec beaucoup de clarté par le secrétaire général de l'institution officielle, M. Richard Kaan, dans le rapport relatif à 1911 (pages 52 et suiv.).

que sous réserve de l'approbation de ce dernier,
ne peut fixer les prix, ne visite que les clients
désignés par celui-ci ; l'agent d'assurance exclusivement attaché à une entreprise, que sa rémunération mensuelle comprenne ou non une
indemnité de frais effectifs ;le magasinier chargé,
non des travaux de manutention, mais de la
surveillance des travailleurs qui les effectuent ;
le contremaître investi de la direction et de la
surveillance d'une partie d'une entreprise au
point de vue de l'exécution technique des travaux, lors même qu'il doit effectuer à titre temporaire, par exemple pour exécuter un modèle,
des travaux manuels ; le chef d'expédition qui
surveille, sans y participer physiquement, les
travaux de chargement de charbon ; l'agent
réceptionnaire qui examine les produits et en
surveille le classement. Au contraire, ne sont pas
assurés le commis-vendeur au détail dans un
magasin ouvert au public lors même qu'il effectue des calculs ou des écritures, par exemple
pour une vente à crédit, ou qu'il est occupé à la
disposition des étalages; l'encaisseur qui, dans
un magasin ouvert au public, se borne à recevoir
le numéraire des mains du client et à en effectuer l'inscription sommaire, lors même qu'il est
en outre chargé des mêmes opérations pour des
sommes envoyées par la poste ; le magasinier qui
procède aux opérations matérielles de manutention soit seul, soit avec des auxiliaires, lors même

qu'il doit tenir des écritures sommaires et signaler à son chef le besoin de marchandises ; le peseur et le vendeur au détail dans un dépôt de charbon ; l'encaisseur de primes d'assurance ; le chef d'équipe qui, à la différence du contremaître, travaille de ses mains avec les ouvriers qu'il surveille accessoirement ; le surveillant d'un dépôt de charbon qui est placé sous les ordres d'un chef de dépôt et doit veiller, conformément aux instructions de celui-ci, au chargement et à l'expédition ; le surveillant d'exploitation agricole ou le chef-batteur de grains ou le maître-berger ou le forestier, tous placés sous la direction immédiate d'un chef, intendant ou garde-forestier, et uniquement chargés de veiller à ce que les ouvriers des champs ou des bois effectuent le travail prescrit par le chef selon le mode courant et sans perte de temps; le machiniste qui conduit et entretient les machines à vapeur ou électriques et les canalisations sans le concours d'auxiliaires.

Or les employés de commerce étaient loin d'accepter sans protestations cette jurisprudence : tandis que les patrons, les employés supérieurs et les employés socialistes n'admettaient pas l'assurance du voyageur de commerce, du magasinier, du contremaître, du chef d'expédition, de l'agent réceptionnaire, pour la réserver aux employés supérieurs, les associations nationales d'employés soit allemands, soit tchèques, et l'institution officielle recommandaient l'assujettissement de tous les travailleurs qui n'étaient pas exclusivement manuels ou qui n'étaient pas des serviteurs attachés à la personne. En faveur de la première opinion, les patrons arguaient des charges qu'ils se déclaraient obligés de reporter sur leurs employés. Quant aux socialistes, ils soutenaient que l'assurance ne procurerait aucun avantage aux employés inférieurs en raison de leurs conditions d'existence qui les assimilaient aux ouvriers proprement dits, et ils estimaient que ces employés ne pouvaient trouver que dans leur fusion avec les masses imposantes de la classe ouvrière les éléments nécessaires à la défense de leurs droits ou au succès de leurs revendications : ce fut même l'intervention des employés de commerce de Vienne qui, par l'ardeur de sa propagande socialiste, souleva contre la loi la plus vive agitation.

Les polémiques motivées par cette difficulté ont trouvé un écho dans l'enquête de l'institution officielle. Les uns, qui demandaient la limitation de l'assurance aux employés supérieurs, exposaient que les employés inférieurs ne pouvaient, faute de ressources, acquitter des primes élevées et risquaient de subir la répercussion de la cotisation patronale qui aurait été récupérée sur leur salaire : ils ajoutaient que l'obligation du stage pouvait priver de toute pension l'employé qui était devenu un petit patron avant d'avoir accompli ce stage. Les autres, qui préconisaient l'extension de l'assurance à tous les employés, répondaient que cette ascension au patronat n'était réalisable que pour l'employé supérieur, et cela parce que, sous le régime de la grande industrie, l'ascension au patronat exige des capitaux considérables. (1) ; ils ajoutaient que l'assurance légale était surtout nécessaire aux employés inférieurs, parce que la modicité de leurs ressources les empêchait de pourvoir eux-mêmes à leur avenir sans le concours patronal et que l'assurance ouvrière ne leur aurait fourni que des pensions insuffisantes ; quant à la répercussion de la cotisation patronale, elle n'était pas à craindre, le salaire étant déjà réduit à un taux qui n'admettait plus aucune diminution ; enfin, vouloir subordonner l'assurance à l'occupation d'un poste élevé, c'était retarder l'affiliation et, par suite, rendre plus malaisé l'accomplissement du stage.

2° Une deuxième difficulté résulte de l'intervention d'organes d'assurance autres que l'ins-

(1) L'exposé des motifs du projet de loi allemand qui est devenu la loi du 20 décembre 1911 (Doc. du Reichstag, n° 1035, p. 66), montre que la proportion des travailleurs indépendants tend à diminuer tandis que celle des employés augmente : de 1882 à 1907, la première est tombée de 114,8 à 89 p. 1000, alors que la seconde s'élevait de 11,0 à 29,7 p. 1000 de l'ensemble de la population : il en était de même pour les professions libérales qui passaient de 22,8 à 28,2 et pour les ouvriers dont l'effectif relatif s'élevait, par 1000 habitants, de 232,6 à 280,2.

titution officielle : en admettant l'intervention d'institutions et de conventions supplétives, le législateur avait poursuivi le double but de conserver et de développer des organismes existants et d'inciter les travailleurs à obtenir des allocations majorées grâce au libre choix de leur assureur ; mais il avait omis la double précaution de réserver l'admission à ceux de ces organismes qui s'appliquaient exclusivement à des groupes professionnels déterminés et de subordonner cette faveur à l'octroi d'allocations supérieures aux allocations légales : dès lors, l'admission dut être concédée à des institutions qui présentaient les caractères, c'est-à-dire les défauts suivants : tout d'abord, elles n'offraient que des avantages à peine supérieurs ou même équivalents à ceux de l'institution officielle : en outre, la plupart (1) s'étaient bornées à reproduire dans leurs statuts les dispositions de la loi et n'avaient d'autre but que de créer des groupements nationaux, régionaux ou politiques qui exploitaient contre l'institution officielle le mécontentement soulevé par la loi elle-même et qui attiraient, au détriment de cette institution, les chefs d'entreprise par l'espoir de trouver auprès d'organes libres une pratique moins rigoureuse qu'auprès d'un organe officiel pour

(1) STEPHAN LICHT, *Zur Novellierung der Pensionsversiche-rung* (*Œsterreichische Zeitschrift für œffentliche und private Versicherung*, 1911, p. 602).

l'interprétation de la qualité d'assujettis. D'autre part, cette multiplicité d'organes s'ajoutait à la divergence précitée des deux Chambres pour priver de l'uniformité nécessaire l'application de la loi quant à la définition des assurés. De là non seulement un obstacle à la diffusion de l'assurance, mais encore un danger pour l'institution officielle et les autres organes d'assurance ; en effet, les intéressés étaient, aux termes de la loi, assurés de droit, même en l'absence de paiement de cotisation, de telle sorte que l'assureur devait servir les allocations sans avoir encaissé une prime ni même reçu le moindre avis.

D'autre part, les sociétés d'assurance privées étaient fort intéressées au régime légal de leurs relations avec l'institution officielle tant comme patrons que comme assureurs (1) : *a*) comme patrons, elles désiraient conserver leur autonomie pour assurer leur personnel dont le risque d'invalidité était moins élevé et, par suite, moins onéreux que le risque d'invalidité des employés en général : elles pouvaient donc réaliser cette assurance au prix de cotisations moindres que celles de l'institution officielle, et cela pour le plus grand profit de leurs employés et d'elles-mêmes ; *b*) comme assureurs, elles protestaient contre toute mesure qui leur aurait

(1) *Œsterreichische Versicherungs-Zeitung*, 25 février 1911, 2ᵉ page, col. 3, et 3ᵉ page, col. 1.

ravi une partie de leur clientèle en permettant à l'institution officielle d'assurer des allocations extra-légales, celles-ci devant être, à leurs yeux, réservées aux assureurs privés.

3⁰ Une troisième difficulté résulte de l'absence d'assurance préalablement instituée au profit des ouvriers avec le concours de l'Etat ; en effet, l'incorporation de tous les employés dans une assurance qui aurait dû être réservée aux plus fortunés d'entre eux risquait de priver les employés inférieurs du bénéfice de l'assurance ouvrière, moins onéreuse pour eux grâce aux subsides de l'Etat ; le bénéfice de l'assurance des employés devenait d'ailleurs illusoire par suite de l'obligation d'accomplir le stage pour ceux des assurés qui étaient les plus exposés au chômage ou au changement d'emploi, c'est-à-dire pour les employés inférieurs, de telle sorte que l'assurance ne procurait aucun avantage précisément aux assurés les moins rémunérés, c'est-à-dire les plus atteints par l'exagération des primes et les plus menacés par le risque de voir le patron récupérer sur leur modeste traitement la valeur de sa part de cotisation.

4⁰ Une autre difficulté rencontrée par le législateur autrichien est l'exagération des primes eu égard au taux des allocations. Dans l'impossibilité de majorer les primes déjà considé-

rables, M. Licht, président de la sous-commission
de politique sociale de la Chambre des Députés,
et M. von Wolf, représentant du Gouvernement,
proposèrent à la séance du 25 janvier 1912 de
la sous-commission (1) de majorer le taux d'intérêt qui servait de base au calcul des allocations
en adoptant celui de 4 p. 100 au lieu de celui de
3 1/2 p. 100 ; mais cette suggestion — dont les
effets furent étudiés par M. le conseiller aulique
professeur Blaschke dans un rapport présenté
à la sous-commission le 14 février 1912 (2)
— fut, dans la séance du 29 mars suivant (3),
combattue par M. Richard Kaan, secrétaire
général de l'institution officielle : celui-ci déclara
(4) que le bénéfice réalisé par le placement
des capitaux à un taux notablement supérieur
à 3 1/2 p. 100 représentait à peu près la seule
ressource qui permît à l'institution officielle de
faire face à ses dépenses d'administration, dont le
subside de l'Etat (5) ne couvrait que 10 p. 100 à
peine (exactement 10,73) (6), et de constituer
des réserves destinées à parer à l'incertitude
des prévisions de calcul, incertitude aggravée

(1) *Soziale Rundschau.* N° de janvier-février 1912, I, pp. 38
et 39.
(2) *Soziale Rundschau.* N° de mars 1912, I, p. 101.
(3) *Soziale Rundschau.* N° d'avril 1912, I, p. 146.
(4) *Bericht der allgemeinen Pensionsanstalt für Angestell te
über* 1911, p. 5.
(5) L'État (art. 37 de la loi) ne fournit qu'une somme annuelle de 100.000 couronnes pour payer le traitement des employés supérieurs de l'institution officielle d'assurance et des
bureaux régionaux.
(6) *Denkschrift der allgemeinen Pensionsanstalt,* 1911, p. 99.

par l'absence de tout coefficient de sécurité dans l'évaluation des primes (1).

5º Une autre difficulté résulte de la fixation des limites de rémunération assignées aux assurés. En effet :

a) D'une part, l'adoption d'une limite inférieure de traitement (600 couronnes par an), au-dessous de laquelle l'employé n'est pas assuré, est en contradiction (2) avec le principe d'une assurance qui doit englober tous les représentants de la classe des employés : elle a, en outre, l'inconvénient de retarder l'époque à partir de laquelle l'assuré, devenu titulaire d'un traitement supérieur au minimum, peut acquérir des droits ; elle peut même retarder ou empêcher la hausse de la rémunération ; c'est ainsi qu'en Autriche elle a conduit les patrons à fixer la rémunération à 599 couronnes pour éviter l'obligation de l'assurance ; au reste, l'adoption d'une limite ne se justifie qu'aux yeux de ceux qui veulent réserver l'assurance aux employés supérieurs et qui, à l'exemple des commerçants autrichiens de province, demandent logiquement que la limite soit relevée de 600 à 1200 couronnes.

b) D'autre part, l'absence de limite supérieure de traitement exige que les cotisations soient tarifées pour une série de traitements élevés : le

(1) *Denkschrift*, pages 69 et 70.
(2) Conf. *Denkschrift*, p. 37.

tarif légal, qui ne prévoit qu'une classe de traitement annuel au-dessus de 3.000 couronnes, aboutit à ce résultat qu'un employé à traitement de beaucoup supérieur à 3.000 couronnes par an ne paie que la cotisation et n'obtient que les allocations prévues pour le traitement annuel de 3.001 couronnes : l'institution officielle d'assurance a donc demandé (1) soit la tarification des allocations en fonction directe du traitement individuel, soit la création de cinq nouvelles classes de traitements pour les traitements de 3000 à 6000 couronnes ou au-dessus avec cotisations annuelles variant selon la classe de 360 à 720 couronnes : elle a, du reste, manifesté sa préférence pour la première solution, alléguant que l'augmentation de travail imposée à l'assureur lors de chaque variation de traitement, et non plus seulement lors de chaque variation de classe, serait largement compensée par l'augmentation de la prime à encaisser lors des hausses de traitement, celles-ci étant plus fréquentes que les baisses.

6° Une autre difficulté provient de la disposition en vertu de laquelle l'exercice du droit aux allocations n'est pas subordonné au paiement des cotisations : ce régime, dénommé « l'assurance de plein droit » (ipso jure *Versicherung*), consiste en ce que l'employé est assuré lors même que le

(1) *Ibid.*, p. 44.

patron n'a ni déclaré le nom de l'intéressé ni
versé les cotisations : l'employé n'est ni autorisé ni obligé à effectuer une déclaration, ni à
contrôler le versement de la cotisation par le
patron. Lors même que l'employé et le patron
s'entendent pour omettre la déclaration et le
versement de la cotisation, l'employé peut, lors
de l'ouverture de son droit à pension, réclamer
à l'institution d'assurance les allocations légales
sans avoir à subir aucune déchéance ni réduction : par une application de ce principe, l'opinion s'est même largement répandue que l'employé qui cesse prématurément d'être assujetti
a droit au remboursement des primes qui auraient dû être versées mais qui ne l'ont été en
fait ni par lui ni par son patron. Les travaux
préparatoires de la loi relatifs à cette disposition
se bornent à une simple déclaration du rapport
(1) que la Commission de politique sociale de
la Chambre des Députés présenta sur le projet
de loi dont est issue la loi de 1906 : la Commission
introduisit dans l'article 1er à la suite du
terme « assujettis » le terme « assurés », et le
rapport spécifia que les intéressés « sont non pas
seulement assujettis, mais encore effectivement
assurés, afin de prévenir le doute qui aurait pu
s'élever sur la question de savoir si le droit à la

---

(1) Doc. parl. n° 2462 de la Chambre des Députés, 1905
(*Bericht des sozialpolitischen Ausschusses des Abgeordnetenhauses*,
p. 7.).

pension est acquis dans le cas où les cotisations
n'auraient pas été payées ». Sans pouvoir affir-
mer que la Commission se fût rendu compte de
la portée de cette mesure, l'institution officielle
d'assurance a cru pouvoir soutenir (1) que la
mesure prévoyait exclusivement le cas de l'employé pour qui le patron avait effectué la déclaration, mais n'avait point versé les cotisations
et qu'elle tendait à sauvegarder les droits de cet
employé,mais qu'elle ne visait nullement celui qui
avait, durant toute sa vie, négligé le paiement de
sa cotisation et ne se souciait de l'assurance
que lors de l'ouverture de son droit. Si, d'ailleurs,
une telle mesure était admissible en matière
d'accident et de maladie, c'est que les allocations étaient à court terme en raison, d'une part,
de la brièveté des secours de maladie et de
l'obligation légale (2) pour le patron de rem-
bourser à la Caisse les allocations en l'absence de
déclaration et en raison, d'autre part, du système financier adopté par l'assurance autrichienne contre les accidents qui permettait
de constituer, par les primes perçues chaque
semestre, les ressources nécessaires au service
ultérieur des pensions créées au cours de l'année :
les établissements d'assurance possédaient donc
les capitaux nécessaires à la liquidation immé-

(1) *Denkschrift*, pages 30 et 31.
(2) Art. 32 de la loi du 30 mars 1888.(Voir mon ouvrage sur
Les lois d'assurance ouvrière à l'étranger,Livre Ier,pages 178 et 424.)

diate de leurs engagements, et le déficit actuariel dont ils souffraient était dû, non au principe, mais à l'application du système, faute d'une majoration suffisante des tarifs ; ils n'avaient pas à accumuler des réserves mathématiques pour des assurés encore valides : ils n'intervenaient qu'après le sinistre. Ce caractère de couverture à court terme et intégrale du risque (*kurzfristige Risikodeckung*) faisait défaut au service des pensions d'employés qui affectait un caractère de couverture à long terme et successive (*langfristige und sukzessive Risikodeckung*), c'est-à-dire qui comportait la formation de réserves mathématiques durant la validité de l'assuré, et qui, par suite, exigeait le versement des cotisations nécessaires à cette formation. Le régime de la loi autrichienne, unique en ce domaine, était à la fois périlleux pour l'institution d'assurance, qui était exposée à servir des pensions sans avoir reçu aucun versement, et démoralisant pour l'assuré, qui était certain d'obtenir les allocations lors même que, par négligence ou par fraude, il s'était affranchi de tout sacrifice. L'institution officielle d'assurance proposait (1) donc de subordonner le bénéfice de la pension soit au versement des cotisations, soit du moins à la production d'une déclaration qui aurait fait courir l'origine du délai pendant lequel, par une concession transactionnelle au

(1) *Denkschrift*, pages 33 et 34.

régime de la loi, l'institution d'assuran e admettait le principe de l'assurance de plein droit,
c'est-à-dire même en l'absence de cotisations,
tandis que la période antérieure ne devait intervenir pour le calcul des droits que dans la mesure des cotisations payées. — Les propositions
si modérées de l'institution officielle d'assurance
auraient pu remédier aisément au vice du régime
si les intéressés n'avaient réclamé le maintien
d'un système trop conforme à leurs désirs. Les
partisans de l'assurance voyaient dans la disposition légale un stimulant pour l'assureur dans la
recherche des assurés et, par suite, une garantie
de l'application de la loi ; la faculté, concédée à
l'assuré, de produire lui-même la déclaration
devait être inefficace à cause de l'insouciance,
chez les uns, et de la crainte, chez les autres, de
provoquer l'animosité patronale par une démar-
che spontanée. Toutefois, aux yeux de quelques-
uns, les propositions de l'institution d'assurance
semblaient admissibles parce que, moins préoc-
cupée de ses responsabilités éventuelles, elle aurait
provoqué avec moins d'ardeur les déclarations
d'assurés et évité de la sorte aux chefs d'entreprise l'obligation d'engager des recours con-
tentieux destinés à faire juger la légitimité de
l'assujettissement. — Au reste, c'était surtout
l'incertitude de la définition des occupations
assujetties qui donnait à la question, tant pour
les défenseurs que pour les détracteurs du systè-

me, une gravité exceptionnelle, et le législateur devait pouvoir, en précisant cette définition, amener une entente sur la difficulté en jeu.

7° Cette absence de relations entre les cotisations et les allocations se manifeste également dans les dispositions légales qui, au lieu de prendre pour base l'ensemble des rémunérations successivement obtenues par l'assuré, ne tiennent compte que du dernier traitement, comme base de détermination soit de la valeur fondamentale de la pension (1), soit des allocations à la veuve et aux orphelins d'un assuré qui meurt avant l'accomplissement du stage (2), soit de la réserve mathématique attribuée à la veuve remariée qui cesse d'être assurée (3). Cette méthode se recommande sans doute (4) par sa simplicité; mais elle présente trois inconvénients : elle porte préjudice à l'assureur, elle est injuste à l'égard des assurés et elle est démoralisante ; en effet : *a*) elle aggrave les charges de l'assureur qui paye des allocations sans avoir touché des cotisations corrélatives ; *b*) elle favorise les assurés qui ont la bonne fortune d'obtenir pendant un seul mois le traitement qui correspond à la pension maxima; mais elle nuit à ceux qui, après avoir obtenu des traitements élevés pendant

(1) Voir ci-dessus, page 42.
(2) Voir ci-dessus, pages 49 et 50.
(3) Voir ci-dessus, page 41.
(4) *Denkschrift*, pages 50, 74 (note) et 84 (note).

toute la période considérée, subissent par hasard une baisse de rémunération pendant le dernier mois, puisqu'ils ne profitent nullement des cotisations élevées qu'ils ont versées au cours de leur existence laborieuse ; *c*) elle incite à la fraude le patron qui élève la rémunération finale de son employé moribond ou de son employée veuve, à la veille du remariage de celle-ci, pour permettre aux ayants droit du premier ou à cette dernière l'obtention des avantages légaux maxima : d'ailleurs, à défaut de générosité patronale, la veuve pourrait acquitter de ses deniers l'intégralité de la dernière cotisation pour se garantir le bénéfice d'avantages aussi considérables. — La sous-commission de politique sociale a adopté une mesure transactionnelle entre la proposition du Gouvernement, qui demandait le maintien du régime légal, et celle de l'institution officielle d'assurance qui réclamait l'intervention de toutes les cotisations effectivement payées : d'après ce compromis, les 24 dernières cotisations mensuelles devraient intervenir pour le calcul des éléments précités (1).

8° Une autre difficulté a été soulevée par le régime de la pension de vieillesse : l'obligation d'accomplir un stage de 40 années avant d'obtenir la pension a paru constituer un privilège pour les employés qui étaient assurés depuis leur

(1) *Soziale Rundschau*, n° de juillet 1912, I, p. 304.

jeunesse et un préjudice pour les autres. Ceux qui, devenus assurés à l'âge de 18 ans, pouvaient obtenir une pension à l'âge de 58 ans, bien qu'encore valides, auraient joui d'avantages immérités sous un régime d'assurance sociale qui devait réserver ses bienfaits aux véritables infortunes ; de plus, ils auraient pu demeurer au travail en se contentant d'une rémunération modique dont l'influence aurait été néfaste pour le marché des salaires. D'après les employés non socialistes, qui préféraient la pension de vieillesse à la pension d'invalidité, l'adoption d'un âge fixe, 65 ans par exemple, était le principal besoin de l'employé ; elle ne devait pas aggraver les charges de l'assureur, les employés étant pour la plupart invalides à cet âge ; de plus, elle le dispensait du service des pensions de vieillesse à tous les employés qui, devenus assurés entre 18 et 25 ans, pouvaient avoir accompli de 58 à 65 ans le stage légal de 40 années.

9° L'absence de toute subvention de l'Etat pour le service des allocations d'employés créait à ces dernières — par rapport à celles de l'assurance ouvrière que le législateur se proposait de doter d'un subside de 90 couronnes par pension, — une infériorité particulièrement pénible pour ceux des employés que la modicité de leurs traitements rapprochait des ouvriers : aussi, le 7 février 1906, la Chambre des Députés avait-

elle, d'accord avec le Ministre de l'intérieur,
voté une résolution que la Commission de politique sociale avait adoptée sur la proposition
du comte Szeptycki : par cette résolution, elle
demandait que, lors de la mise en application
de l'assurance ouvrière, la subvention de l'Etat
concédée à celle-ci fut étendue à ceux des employés que la modicité de leurs traitements aurait
dû faire comprendre au nombre des bénéficiaires
de cette assurance : l'analogie de situation com-
mandait l'identité de régime. Toutefois, cette
opinion a été combattue notamment par la
Chambre de commerce de Reichenberg, dans
l'enquête ouverte par l'institution officielle d'assurance (1) ; d'après cette Chambre, comme
le projet d'assurance ouvrière réservait la pension à l'assuré atteint d'invalidité générale,
tandis que l'employé obtenait l'allocation dès
qu'il était frappé d'invalidité professionnelle,
l'avantage dont l'employé jouissait pour ce
motif ne devait pas être accru par une subvention de l'Etat.

(1) *Systematische Darstellung*, p. 148.

III. — COMPARAISON
DE LA LEGISLATION ALLEMANDE
ET DE LA LÉGISLATION AUTRICHIENNE.

LES PRINCIPAUX ÉLÉMENTS QUI DISTINGUENT
LA LÉGISLATION ALLEMANDE DE LA LÉGIS-
LATION AUTRICHIENNE SONT ESSENTIELLEMENT
LES SUIVANTS :

1º La loi allemande n'est intervenue qu'après
l'organisation de l'assurance ouvrière : la loi
autrichienne, au contraire, a précédé cette organisation. Ce sont des motifs d'ordre politique
et financier qui ont déterminé cette différence
de procédure. D'une part, en effet, la législation
allemande d'assurance ouvrière s'est inspirée du
désir et s'est fondée sur l'espoir de détacher du
socialisme ou de soustraire à sa propagande les
travailleurs qui escomptent le bénéfice d'une
pension; et ce n'est qu'ultérieurement que la loi a
étendu aux employés un régime analogue. D'autre part, la législation autrichienne a eu pour
but d'empêcher que le prolétariat n'accapare

et que le socialisme ne conquière les employés
— aujourd'hui défenseurs de l'ordre social,
« colonne de l'Etat et de son organisation ac-
tuelle ainsi que de sa civilisation matérielle » (1)
— qui devaient trouver dans la création d'une
assurance spéciale à leur classe un élément de
satisfaction et une cause de fidélité aux institutions existantes : de là, en Autriche, le souci de
n'établir aucune distinction entre les employés,
quelle que soit l'importance de leur rémunération, et de confondre dans un groupement unique
tous les membres de la classe des employés en
présumant la communauté de leurs intérêts et
de leurs vœux, depuis le teneur de livres, doté
d'une simple instruction primaire et d'une modeste rémunération, jusqu'au directeur d'une
grande société, pourvu d'une instruction supérieure et bénéficiaire d'un énorme traitement.

2º La loi allemande, comme la loi autrichienne,
réserve l'assurance aux employés dont le service est plus intellectuel que manuel : elle ne
spécifie toutefois cette distinction que pour certaines catégories d'employés : de ce nombre sont
les employés de bureau ; par contre, elle assujettit sans distinction tous les commis du commerce ; de plus, elle procède (2) par voie d'énu-

(1) *Denkschrift der allgemeinen Pensionsanstalt für Angestellte*, 1911, p. 9.
(2) Exposé des motifs du projet de loi allemand, Doc. du
Reischstag nº 1035, p. 93.

mération limitative en excluant à la base les ouvriers manuels proprement dits et au sommet les travailleurs indépendants, afin d'éviter les divergences d'interprétation qu'aurait entraînées une définition générale, procédé dont l'application de la loi autrichienne a montré les périls. La loi autrichienne, par contre, cherche à donner de l'employé assujetti une définition générale sans énumérer les assujettis : si donc les employés de bureau ne sont, dans l'une et l'autre législation, assujettis que s'ils ne rendent pas des services d'ordre inférieur et, par exemple, n'accomplissent pas un travail exclusivement mécanique de copie, la législation allemande assujettit formellement les commis de magasin qu'exclut au contraire la jurisprudence autrichienne.

3º La loi allemande et la loi autrichienne fixent l'une et l'autre des limites d'âge pour l'affiliation à l'assurance : au moins 16 ans et moins de 60 ans en Allemagne ; 18 et 55 ans en Autriche.

4º La loi allemande fixe une limite supérieure de 5000 marcs au traitement annuel des assurés, mais elle ne lui assigne aucune limite inférieure ; la loi autrichienne, par contre, ne prévoit aucune limite supérieure de traitement, mais exclut les travailleurs dont la rémunération annuelle n'atteint pas 600 couronnes. Toutefois, en Allemagne, l'assurance est facultative au-delà d'un traitement annuel de 5000 marcs et après 6 mois d'assurance ; en Autriche, au-dessus d'un traitement de 7200 couronnes, l'employé doit acquitter, sans le concours patronal, l'intégralité de la contribution.

5° L'invalidité est définie (1) tant par le législateur allemand que par le législateur autrichien, comme l'incapacité, pour l'assuré, d'exercer, non pas uniquement sa profession spéciale (*Beruf*), mais la profession d'employé en général, c'est-à-dire l'une quelconque des professions assujetties par la loi d'assurance des employés : en dépit de l'imperfection de la rédaction de ces deux lois, c'est une invalidité de professions similaires (*Standesinvalidität*) et non une invalidité de profession spéciale (*Berufsinvalidität*). La loi allemande spécifie que la capacité de travail de l'assuré doit être réduite au-dessous de la moitié de celle d'un employé sain de corps et d'esprit, pourvu de la même instruction, de connaissances et d'aptitudes équivalentes. La loi autrichienne se borne à viser l'incapacité d'exercer la profession d'employé ; mais elle refuse la qualification d'invalide à l'employé qui gagne une rémunération égale à la pension

(1) Voir mon étude sur *La définition légale de l'invalidité en matière d'assurance sociale*, 1912.

d'invalidité et au moins à 600 couronnes par an.
— De plus, tandis qu'en Allemagne la reconnaissance de l'invalidité temporaire est subordonnée à l'accomplissement d'une durée de 26 semaines, la condition de durée est remplacée en Autriche par celle de la dissolution du contrat de service. — La durée du stage légal qui doit précéder l'octroi de la pension, fixée à 120 mois de contributions par les deux lois, est abaissée en Allemagne au profit des femmes.

6° La pension de vieillesse en Allemagne est obtenue à l'âge de 65 ans au bout de 120 mois (ou 10 années) de stage ; elle est accordée en Autriche sans fixation d'âge, au bout de 480 mois (soit 40 ans) de stage : le régime allemand est plus avantageux que le régime autrichien pour les employés qui deviennent assurés à un âge supérieur à 25 ans ; il l'est moins pour les autres : en Autriche, un employé assuré depuis l'âge de 18 ans et occupé sans interruption peut obtenir la pension de vieillesse à l'âge de 58 ans. Toutefois le système allemand, par la brièveté du stage, est très favorable aux employés qui sont exposés à un chômage fréquent ou qui étaient âgés lors de l'entrée en vigueur de la loi.

7° Les taux de cotisations prévus par la loi allemande n'excèdent jamais 8 p. 100 du traitement et se réduisent parfois à 3 1/2 p. 100 de ce traitement. Les taux prévus par la loi autrichienne représentent environ 10 p. 100 du traitement moyen de chaque classe de traitement.

8° Les allocations de la loi allemande sont inférieures à celles de la loi autrichienne. En effet :

a) Le calcul montre que, pour l'employé qui gagne par an 2100 marcs (1), c'est-à-dire, au cours de cour. 1,20 par marc, 2520 couronnes, la pension d'invalidité est au bout de 10 ans égale à 396 marcs (c'est-à-dire couronnes 475,20 en Allemagne et 900 couronnes en Autriche) (2).

b) La pension de veuve est égale, en Allemagne, aux 2/5 et, en Autriche, à la moitié de la pension d'invalidité du conjoint décédé.

c) Les pensions d'orphelins sont égales, en Allemagne, à 2/15 ou à 2/25 de la pension d'invalidité et, en Autriche, à 2/3 ou à 1/3 de la valeur fondamentale (et non des majorations annuelles) de la pension d'invalidité ; elles sont donc en Autriche plus avantageuses qu'en Allemagne si le père meurt jeune, mais elle ne s'améliorent point dans l'avenir, ce qui est logique puisque la protection

(1) Chiffre admis comme traitement annuel moyen au cours des travaux préparatoires de la législation allemande (*Denkschrift*, 11 juillet 1908, Doc. du Reichstag n° 986, p. 29).

(2) Toutefois, ces résultats font abstraction de l'appoint que donne le cumul éventuel de la pension d'employé et de la pension d'ouvrier qui peut (voir mon étude dans le n° du 20 juillet 1912 de l'*Economiste français*) élever à 498 marcs ou cour. 597,60 la pension allemande d'un employé qui ne gagne que 1600 marcs (soit 1920 cour.) par an, tandis que ce même employé n'obtient en Autriche, faute d'assurance ouvrière, qu'une pension de 540 couronnes.

nécessaire aux enfants en bas âge devient inutile lorsqu'ils ont grandi.

d) Sous le régime autrichien, le montant de la pension d'invalidité est calculé d'après la dernière rémunération de l'assuré lors de l'achèvement du stage légal de 120 mois (soit 10 ans), tandis qu'en Allemagne il dépend des contributions payées pendant toute la durée du stage, fixée pour les hommes à 120 mois (soit 10 ans), c'est-à-dire, pour les hommes, de la valeur moyenne des contributions des 10 années, contributions qui sont d'autant plus élevées que la rémunération est plus considérable. Or, comme il est vraisemblable que, durant les 10 premières années de la vie laborieuse, la rémunération croît, le système autrichien procure le bénéfice de pensions plus élevées que le système allemand ; toutefois celui-ci permet de disposer de ressources pour d'autres allocations : M. le secrétaire général Kaan a signalé (1) que l'application du système allemand était moins aléatoire puisqu'elle tenait compte des primes effectivement payées et que la portion des primes que rendrait disponible en Autriche l'application de ce système devait permettre, sans autre modification de la loi autrichienne, de majorer de 5 5/9 p. 100 les pensions d'invalides, de veuves et d'orphelins.

9° En Autriche, le bénéfice de l'assurance n'est

(1) *Bericht* relatif à 1911, p. 5.— Conf. *Denkschrift*, 1911, p. 62.

pas subordonné au versement des cotisations ; il ne dépend que de l'existence d'une occupation assujettie. En Allemagne, au contraire, le versement des cotisations doit être effectif durant la période prévue par la loi.

10° Au point de vue de la garantie des prévisions, les calculs allemands préparent moins de mécomptes que les calculs autrichiens. Sans doute, dans les deux pays, les bases de calcul sont hypothétiques ; mais, en Allemagne, lors de l'évaluation de la cotisation moyenne nécessaire, le taux de 7,4 p. 100 fut arrondi à 8 p. 100, ce qui constitue une majoration de 8 p.100 du chiffre indiqué par le calcul : l'application d'un semblable coefficient de sécurité ou d'une mesure analogue n'est pas intervenue en Autriche (1).

11° En Allemagne, les cotisations sont payées moitié par le patron et moitié par l'assuré ; en Autriche, les assurés dont le traitement annuel n'excède pas 2.400 couronnes ne paient que le tiers de toute cotisation qui n'excède pas 18 couronnes par mois ; au-delà de ce maximum, ils en acquittent la moitié et, lorsque le traitement dépasse 7.200 couronnes par an, l'intégralité.

12° La loi allemande prévoit seule, à l'exclu-

(1) *Denkschrift der allgemeinen Pensionsanstalt für Angestellte*, pages 69 et 70.

sion de la loi autrichienne, un traitement préventif ou curatif de l'invalidité.

13° La loi autrichienne individualise les risques à la différence de la loi allemande : elle apporte donc dans le respect des droits de l'assuré une équité qui contraste avec la rigueur de la loi allemande; ainsi elle prévoit, pour l'employé qui cesse d'être assuré, le remboursement des cotisations, s'il était assuré obligatoire, ou le versement de 75 p. 100 de la réserve mathématique, s'il était assuré facultatif ; la loi allemande, au contraire, n'admet le remboursement des cotisations que dans le cas des femmes et sous des conditions spéciales, la cotisation ouvrière étant d'ailleurs seule remboursée; de plus, les cas de déchéance prévus par la loi allemande au cours de l'accomplissement du stage, par suite de défaillance dans le versement des cotisations, n'existent point dans la loi autrichienne. La loi autrichienne procure donc à l'employé le moyen soit de traverser une période de chômage, soit de devenir petit patron grâce au capital que lui apporte le remboursement de ses cotisations ; de même, elle permet à la veuve le remariage grâce à la dot que lui fournit ce même remboursement. Toutefois, la loi allemande, en conservant au profit de la masse des assurés les cotisations des défaillants et des déchus, permet d'abaisser le taux de la cotisation moyenne. En résumé, le souci individualiste domine dans la loi autrichienne; le sentiment de la solidarité inspire, au contraire, la loi allemande.

14° La loi allemande ne renferme pas l'équivalent des mesures prises par la loi autrichienne pour permettre à l'assuré d'abréger la durée du stage par l'acquisition d'années de service.

15° La loi autrichienne ne renferme pas l'équivalent des mesures de faveur dont la loi allemande gratifie les femmes.

IV. — CONCLUSIONS

L'étude de la législation allemande et de la législation autrichienne parait autoriser les conclusions suivantes :

L'intervention du législateur pour l'organisation de la prévoyance en faveur des employés constitue dans l'histoire de l'assurance sociale une étape décisive. A l'origine, le bénéfice d'avantages fournis par le concours obligatoire du patron et par la retenue également obligatoire d'une fraction du salaire, semblait devoir être réservé au travailleur manuel dont les pouvoirs publics cherchaient à sauvegarder l'avenir et parfois, selon l'exemple du prince de Bismarck, à prévenir l'absorption dans les rangs socialistes ; l'assurance était qualifiée ouvrière. C'est à la même préoccupation (1) que le législateur autrichien a obéi en instituant l'assurance obligatoire contre

(1) Voir ci-dessus, pages 78 et 80, dans l'exposé de la *Comparaison de la législation allemande et de la législation autrichienne.*

l'invalidité en faveur des employés, avant même d'en avoir doté les ouvriers ; il ne semble pas avoir été découragé par l'insuccès du législateur allemand dans sa lutte contre le socialisme, et le spectacle des résultats matériels, obtenus en Allemagne par l'assurance sociale, peut l'avoir déterminé : c'est du moins l'explication de la réunion (1), en un groupement unique, de tous les employés considérés comme les représentants d'une seule et même profession. D'autre part, au point de vue technique, l'infériorité du risque d'invalidité des employés, comparé au risque d'invalidité des ouvriers, justifie l'institution d'un régime spécial aux premiers qui leur garantit, à égalité de sacrifices, des pensions plus élevées qu'aux seconds.

De plus l'historique des difficultés que rencontre la législation autrichienne porte avec lui des enseignements que les législateurs d'autres pays doivent recueillir et méditer :

1° La contrainte a été justifiée en Autriche comme le seul moyen d'obtenir des patrons un sacrifice que le légitime souci de faire face à la concurrence industrielle les détourne d'accomplir spontanément ; toutefois elle ne doit être instituée que si les mœurs l'ont admise par avance et sont prêtes à la consacrer.

(1) *Ibid.*, p. 80.

2º Elle ne doit être instituée pour les employés qu'après avoir été organisée pour les ouvriers. En effet: *a*) la logique commande de pourvoir d'abord à l'avenir des plus déshérités, et cela avec le concours des subsides de l'Etat pour suppléer à l'insuffisance de ressources qui ne permet d'exiger des intéressés que des primes modiques ; *b*) l'expérience acquise de la sorte fournit les bases statistiques qui permettent de fixer les primes à exiger des travailleurs à salaire élevé qui peuvent désirer des allocations majorées ; elle donne ainsi les éléments de l'assurance des employés sans aucun concours financier de l'Etat ; *c*) la création préalable de l'assurance ouvrière permet de régler la situation des employés inférieurs qui peuvent se contenter des allocations prévues pour les ouvriers et être incapables, en dehors d'un concours financier de la collectivité, d'acquitter la prime nécessaire à l'obtention d'avantages plus notables ; elle évite de les comprendre dans l'assurance des travailleurs à salaire élevé dont les primes, corrélatives d'allocations notables, sont par suite onéreuses ; du reste, la situation des employés inférieurs est d'autant plus intéressante que la modicité du salaire leur rend particulièrement sensible la répercussion de la charge du chef d'entreprise, si ce dernier prétend recouvrer sa quote-part de cotisation sur leur salaire, soit par une réduction directe du tarif en vigueur, soit par un ajournement de l'augmentation normale de la rémunération.

3º Le terme « employé » vise des travailleurs de catégories fort diverses par les ressources et par le rang dans la hiérarchie sociale ; tandis que les uns diffèrent à peine des travailleurs manuels, les autres confinent aux travailleurs autonomes et aux fonctionnaires de l'Etat : les premiers demandent donc le bénéfice d'avantages équivalents à ceux de l'assurance ouvrière proprement dite, et les seconds réclament un traitement analogue à celui des fonctionnaires publics. Il est donc fort malaisé d'instituer sous le régime de la contrainte une organisation qui tienne compte de cette légitime diversité des aspirations.

4º La jurisprudence ne supplée utilement au silence de la loi que si la grande majorité des intéressés est disposée à interpréter la loi dans son sens naturel et non à exploiter comme une source d'agitation chaque obscurité du texte législatif : ainsi, tandis que, dans l'application de la loi autrichienne sur les employés de commerce, la distinction entre les services d'un caractère supérieur et les autres services n'a soulevé aucune difficulté pratique, la détermination d'un critérium analogue, fourni par le caractère intellectuel des fonctions, n'a été, pour l'assurance des employés, que la cause de débats irritants et jamais clos.

5° La coexistence d'une institution officielle et d'organes libres offerts au choix des intéressés n'est féconde et, par suite, n'est admissible que si elle tend à conserver et à développer des organismes viables et à permettre aux intéressés l'obtention d'avantages supérieurs aux allocations légales, et si elle ne compromet pas le fonctionnement de l'institution officielle : à ce dernier point de vue, il importe que le recrutement des adhérents par les organes libres ne soit pas un moyen, pour des opposants groupés dans un but politique ou social, de faire échec soit au fonctionnement de l'institution officielle, soit même à l'application de la loi.

6° La distinction entre les employés supérieurs ou intellectuels et les employés inférieurs ou manuels ne laisse pas que d'être délicate : ainsi, en Autriche, la nuance, indiquée plus haut, entre le sténodactylographe et le dactylographe, entre le contremaître et le chef d'équipe, entre l'encaisseur et le caissier est fort subtile, le premier étant seul assuré à l'exclusion du second. Elle a, d'ailleurs, une portée plus haute qu'une simple délimitation des bénéficiaires de l'assurance : elle vise les relations des employés avec les travailleurs autonomes, d'une part, et les ouvriers proprement dits, d'autre part ; en effet, si l'assurance des employés ne comprend que les employés supérieurs, elle réduit les employés inférieurs à la nécessité de chercher dans l'assurance ouvrière la garantie de leur avenir ; elle détache donc ces derniers de la classe des employés pour les identifier avec les ouvriers proprement dits ; il est, dès lors, conforme au souci de l'ascension sociale pour les employés, de les grouper dans une même organisation d'assurance qui leur donne, par le rapprochement, à la fois une conscience plus nette de la communauté des aspirations, un sentiment plus précis de la supériorité de leur condition et de la divergence de leurs intérêts par rapport à ceux des simples prolétaires, enfin une arme plus efficace pour l'amélioration de leur sort au double point de vue matériel et moral : l'opinion qui, dans l'assurance, rattache aux ouvriers les employés inférieurs, s'inspire de préoccupations socialistes, qui prétendent grouper l'ensemble du prolétariat d'après l'analogie des besoins et des ressources en vue de constituer des forces imposantes par l'alliance ou plutôt l'assimilation du prolétaire de l'usine et du prolétaire du magasin ou du bureau. C'est donc toute la politique des classes moyennes, au sens large de l'expression, qui se pose dans le problème de l'assurance des employés. Au sens étroit (1), il est vrai, les classes moyennes ne comprennent que les petits patrons, c'est-à-dire les industriels ou les commerçants qui ne disposent point de capitaux considérables ; mais à ces *anciennes* classes moyennes se sont jointes de *nouvelles* qui ne peuvent être confondues ni avec les ouvriers proprement dits ni avec les capitalistes et qui, tout en se distinguant des anciennes classes moyennes par leur absence d'autonomie, se rapprochent d'elles par le degré de leur éducation, par le caractère de leurs fonctions et par la nature de leur activité : ce sont les employés occupés par des chefs d'entre-prise : s'ils ne jouissent pas de l'indépendance des petits patrons, ils ont comme eux soit un rôle de direction, soit un rôle composite de sur-veillance et d'exécution, suivant qu'ils appar-tiennent à la catégorie des employés supérieurs ou à celle des employés inférieurs, sans que ce rôle s'abaisse à celui d'exécution purement maté-rielle et physique qui est le propre des ouvriers. Ainsi *les classes moyennes comprennent, au sens large, les individus dépourvus de ressources con-sidérables, mais élevés au-dessus des travailleurs manuels par l'éducation, les ressources person-nelles, l'initiative et la responsabilité des fonc-tions, la considération sociale, la part réduite du travail musculaire dans l'occupation salariée*(2).

(1) *Handwörterbuch der Staatswissenschaften*, 3ᵉ édition, article *Mittelstandsbewegung*, p. 734, col. 2.
(2) Cette définition que je propose est en harmonie avec celle de M. Wernicke, syndic à Berlin (*der Mittelstand*, 1909, p. 4).

En un mot, les classes moyennes comprennent
les employés, les petits industriels et commerçants, c'est-à-dire les petits fabricants, mar-
chands et détaillants, les artisans, les membres
des professions libérales qui ne sont point dotés
de ressources considérables, les petits agricul-
teurs, les petits rentiers et les petits pensionnés.
Il est d'ailleurs évident que, par leur base qui
confine à la classe ouvrière, les classes moyennes
doivent accueillir les ouvriers supérieurs dont
le travail offre à l'intelligence une part prépondérante. Mais il est nécessaire que le régime
de la prévoyance élève les aspirations de l'employé au-dessus de ce niveau inférieur plutôt
que de l'y ramener, et l'intervention opposée
des socialistes est trop conforme à leur souci
de propagande pour ne pas être instructive
à cet égard. La question d'assurance se compli-
que donc d'une question de classe : mais cette
difficulté même en fait la grandeur, et c'est à la
résoudre par l'organisation d'une assurance com-
mune à tous les employés que doivent tendre
les efforts des philanthropes, non moins que
ceux des techniciens de l'assurance.

7º Des mesures doivent être prises pour que
les employés qui deviennent petits patrons conservent le bénéfice de leurs versements : une
période d'attente prolongée, qui, par exemple,
subordonnerait à l'accomplissement de 10

années de salariat l'obtention des avantages légaux, priverait de toute pension l'employé qui aurait acquis par son travail une situation indépendante avant de remplir cette condition, alors que le chômage peut en répartir la durée sur plus de 10 millésimes.

8° La définition des assurés doit être aussi compréhensive que possible, c'est-à-dire que le terme « employé » doit être compris dans le sens le plus large, afin de permettre à l'assuré de trouver une organisation d'ensemble dont il continue à faire partie pour conserver ses droits au cas de changement de fonctions : en d'autres termes, tous les employés doivent être assurés quelle que soit la branche spéciale de leur activité.

9° Les employés doivent être admis à l'assurance aussi jeunes que possible, afin que la fécondité de leurs versements soit accrue et qu'ils puissent accomplir avec plus de certitude et de célérité le stage légal si la loi leur en impose l'obligation. L'affiliation précoce des employés ne peut, du reste, leur causer aucun préjudice, si des mesures sont prises pour qu'ils conservent le fruit des versements effectués par ou pour eux alors même qu'ils cesseraient d'être assujettis avant de pouvoir prétendre à la pension : tel serait le cas où ils s'élèveraient au rang de patrons. Il suffit d'ailleurs, pour obtenir ce résultat, de capitaliser les versements au nom de l'intéressé et de lui attribuer la pension correspondante lors de l'ouverture de son droit.

10º La tarification des cotisations doit être effectuée, non par classes de traitements — qui ont l'inconvénient de soumettre au même taux de cotisation et, par suite, de pension, des assurés pourvus de traitements parfois très inégaux — mais d'après le traitement individuel : il résulte des déclarations précitées (1) des représentants de l'institution officielle d'assurance de Vienne que le surcroît de travail à prévoir de ce chef ne doit pas effrayer l'assureur.

11º Les considérations qui précèdent, tant au point de vue de l'unité de la profession d'employé qu'à celui de l'unité de l'organisation à réaliser amènent à ne prévoir aucune limitation du traitement comme critérium de l'obligation de l'assurance : d'une part, en effet, la fixation d'un minimum au-dessous duquel l'employé ne serait pas assuré constituerait une catégorie d'employés inférieurs assimilés aux ouvriers ; d'autre part, l'adoption d'un maximum au-dessus duquel cesserait l'obligation établirait entre l'employé à traitement moyen et l'employé à traitement supérieur une distinction qui rom-

(1) Voir ci-dessus, *Denkschrift* p. 44.

prait l'unité de classe et créerait une aristo-
cratie destructive de la solidarité : on ne saurait, du reste, invoquer la notion de minimum
d'existence comme critérium de la limite au-
dessus de laquelle le législateur ne devrait
plus intervenir : car ce minimum varie avec
l'étalon de vie de chaque catégorie d'intéressés
et la pension ne représente, en général, qu'une
fraction assez modique du traitement pour
qu'elle soit présumée correspondre au minimum
d'existence que réclame l'intéressé.

12º L'absence de limite supérieure assignée
au traitement assurable n'exclut pas l'intro-
duction de certaines modalités dans le régime
des employés à salaire exceptionnellement élevé :
en effet, la supériorité de leur formation intellectuelle et morale et l'importance de leurs ressources permettent de leur laisser la liberté du
choix dans la forme de prévoyance qui leur convient pourvu qu'ils aient acquitté l'intégralité
de la cotisation légale et qu'une fraction, déterminée par la loi, de cette cotisation ait été affectée à la constitution d'une pension : de la sorte,
le père de famille pourra consacrer à une assurance au profit des siens une partie des sacrifices
que la loi lui impose, tandis que le célibataire sera
libre de l'affecter à l'acquisition d'une maison
par le paiement d'annuités successives.

13º L'ouverture du droit à pension doit être

subordonnée au versement effectif des cotisations et non à la simple constatation d'une occupation régie par la loi : il est, en effet, nécessaire : *a*) au point de vue technique, que l'assureur puisse constituer durant la période de validité la réserve mathématique destinée au service de la pension lors de la survenance de l'invalidité ; *b*) au point de vue moral, que l'assuré soit tenu à des sacrifices corrélatifs de l'avantage espéré, sacrifices dont l'absence substituerait au régime de l'assurance celui de l'assistance. Une déclaration doit être, à cet effet, exigée par la loi, soit de l'assuré, soit du patron, afin de permettre à l'assureur, dûment averti, de recouvrer les cotisations arriérées. L'alternative de la déclaration entre le patron et l'assuré doit permettre à ce dernier de sauvegarder ses droits sans révéler au patron des renseignements confidentiels.

14° La pension doit être, en principe, limitée au cas de l'invalidité ; la vieillesse n'est qu'un cas particulier de l'invalidité : si, au contraire, le législateur veut instituer l'assurance de pensions de vieillesse, il doit fixer ou bien un âge d'entrée en jouissance ou bien une durée de contribution à l'assurance ; or : *a*) la fixation d'un âge auquel la pension d'invalidité est due de plein droit est arbitraire, puisqu'elle résulte, non de la constatation d'un état physique de l'assuré, mais de cette présomption légale qu'à l'âge admis la capacité de travail de l'assuré est réduite à un degré qui équivaut à l'invalidité ; elle prête donc à la surenchère par des abaissements successifs de l'âge limite ; *b*) l'adoption d'une durée de contribution à l'assurance n'est pas moins arbitraire que la fixation d'un âge limite, puisqu'elle résulte de cette présomption légale que les versements effectués par ou pour l'assuré ont constitué des ressources suffisantes ; de plus, elle porte préjudice soit aux employés qui s'assurent à un âge avancé, soit aux travailleurs valides : en effet, si la durée prescrite est considérable, les employés qui sont âgés ou même adultes lors de leur affiliation à l'assurance, ne pourraient avoir accompli la période de contribution qu'à un âge trop avancé, et ils décèdent ou deviennent invalides avant de l'atteindre ; si, au contraire, elle est brève, les assurés atteignent l'époque d'entrée en jouissance à un âge où, encore valides, ils peuvent continuer à travailler en ne réclamant qu'une faible rémunération qui déprime le taux normal des traitements ou des salaires.

15° *L'invalidité doit être définie, pour les employés* (1), *l'état du travailleur qui n'est plus capable de gagner, par un travail en rapport avec*

(1) Voir mon étude sur *La définition légale de l'invalidité en matière d'assurance sociale.*

ses forces et ses aptitudes, la moitié (1) de la rému-
nération que les personnes appartenant à la même
catégorie que l'intéressé, dans l'ancienne pro-
fession de celui-ci, obtiennent dans la région où
l'intéressé, encore valide, a travaillé en dernier
lieu. L'invalidité, ainsi définie, ne doit pas ré-
sulter d'un risque professionnel mis par la loi
à la charge de l'industrie. L'identité de définition
entre l'ouvrier invalide et l'employé invalide
s'impose eu égard au régime des subventions
pour le motif indiqué ci-dessous(2). Mais, en raison
de la multiplicité des professions offertes aux
employés, cette définition n'exige pas que l'employé, incapable d'exercer sa profession spéciale,
se livre à un simple travail d'ouvrier ; elle ne lui
impose que l'obligation de chercher dans une
autre profession d'employé l'usage de son reliquat de validité. Elle embrasse toutes les professions d'employés dans un domaine où s'exerce
la solidarité des intéressés au point de vue de
l'assurance.

16° La subvention de l'Etat ne peut être logiquement refusée à l'assurance des employés, si
elle est accordée à celle des ouvriers, tout au
moins pour les employés inférieurs dont la situation matérielle est analogue à celle des ouvriers ;
toutefois, pour que cette analogie existe, c'est-

---

(1) Le taux du tiers devrait être adopté pour les ouvriers.
(2) Voir ci-dessous, n° 16, p. 103.

à-dire pour que la subvention soit justifiée au profit des employés, il faut que la définition de l'invalidité soit la même pour les ouvriers et pour les employés, c'est-à-dire que l'employé ne soit pas reconnu invalide dans des cas où cette qualification serait refusée à l'ouvrier : tel serait le cas où l'invalidité générale serait pour l'ouvrier la condition du bénéfice de la pension, tandis que l'invalidité professionnelle générale (1) serait seule exigée de l'employé ; sinon, la subvention constituerait pour l'employé invalide un privilège par rapport à l'ouvrier invalide.

17° Les allocations de toute nature doivent être déterminées d'après la série intégrale de toutes les cotisations payées, et non point d'après la dernière cotisation ; le système inverse, appliqué en Autriche, offre les plus graves inconvénients (2) que ne saurait compenser la simplicité de son application.

18° L'assurance contre l'invalidité doit être associée à un traitement préventif et à un traitement curatif de l'invalidité ; l'assureur doit être autorisé par la loi à appliquer, selon les cas, l'un ou l'autre traitement, mais il ne doit pas être investi du droit d'imposer à l'assuré le transport dans

---

(1) Pour la signification de cette expression, voir mon étude sur *La définition légale de l'invalidité en matière d'assurance sociale.*

(2) Voir ci-dessus, pages 41, 42, 50 et 74.

un établissement thérapeutique ; toutefois, le pensionné, s'il consent à ce transport, doit subir, au gré de l'assureur, une réduction totale ou partielle de la pension, et les ayants droit dont il était le soutien doivent recevoir un secours journalier ; enfin le service de la pension doit être, sur la demande de l'assuré, remplacé, en tout ou partie, par l'hospitalisation.

19° Le législateur, s'il impose, par l'obligation de l'assurance, un sacrifice en vue de l'obtention d'un minimum d'avantages, doit mettre les assurés en mesure de compléter les avantages légaux : il doit, d'ailleurs, réaliser ce programme en satisfaisant à une double condition : d'une part, fournir à l'intéressé l'assurance au coût le plus bas ; d'autre part, ne point compromettre la solidité financière de l'assureur. Plusieurs solutions peuvent être envisagées :

a) La solution la plus simple consiste à permettre à l'assuré le versement de cotisations majorées pour obtenir des avantages corrélatifs ; ces cotisations peuvent s'appliquer, soit à l'avenir si elles s'ajoutent périodiquement à la cotisation légale, soit au passé si elles ont pour objet de combler une insuffisance de cotisations antérieures : tel est le régime autrichien d' « acquisition d'années de service » (1).

b) Une solution plus complexe et plus libérale

(1) Voir ci-dessus, p. 44.

comporte, pour l'assuré, la faculté de rechercher des avantages différents des avantages légaux, tels que des pensions au profit de la veuve et des orphelins, en cas de décès prématuré du chef de famille.

Mais, quelle que soit la solution adoptée, il convient d'observer la double règle suivante : 1º Ces cotisations et ces allocations extra-légales doivent être l'objet d'une comptabilité distincte de celle des cotisations et des allocations légales ; à cet effet, ou bien un fonds spécial doit être créé dans l'institution d'assurance obligatoire, ou bien une institution spéciale d'assurance, régie par la loi, doit être affectée à la réalisation de cette assurance ; 2º L'assuré doit supporter seul les cotisations extra-légales sans pouvoir exiger ni le concours patronal ni les subventions de l'Etat.

Table analytique des Matières

[Cachet : BIBLIOTHÈQUE NATIONALE / R.F. / IMPRIMÉ]

Orléans, Imp. Tessier

G. et M. RAVISSE, Éditeurs

52, RUE DES SAINTS-PÈRES, PARIS

Guide-Memento à l'usage des Commissaires chargés de vérifier les comptes et les apports dans les Sociétés par actions. In-16 carré de 212 pages, par Gabriel FAURE, arbitre au Tribunal de Commerce, expert près la Cour d'appel et le Tribunal civil .... 4 fr. 50

Fonction, Droits et devoirs des Commissaires : Commissaires vérificateurs (sociétés anonymes) ; Commissaires de surveillance (sociétés en commandite par actions) ; Commissaires aux ap orts. — Technique des vérifications : notions de comptabilité ; Particularités comptables relatives aux sociétés par actions. — Comment on effectue la vérification d'une comptabilité. — Législation et formules.

Monographie comptable d'un grand magasin de détail, par A. DELBOUSQUET, chef de comptabilité, expert-comptable près les Tribunaux. In-16 raisin de 160 pages. Prix .... 6 fr. »

Des Comptes : Comptes de capital. Valeurs immobilisées. Valeurs disponibles. Comptes des tiers. Comptes des résultats. — *Organisation rationnelle des livres* : Journal originaire de Caisse. Journal originaire des achats ou d'entrées en magasin. — Journal originaire des effets à payer. Journal récapitulatif des ventes. Journal originaire des transactions diverses, etc... — Grands-livres : créditeurs divers ; débiteurs divers (procédé nouveau, spécial au commerce de détail); débits de personnel ; feuille de paie ; état récapitulatif des entrées en magasin par rayon ; balance mensuelle du magasin ; reconstitution du prix de revient des sorties ; état extra-comptable des bénéfices nets par rayon. — Etat comparatif mensuel des résultats. — Inventaire. Bilan. Fermeture et réouverture des comptes. Livre des Inventaires.

Le Timbre des Quittances. Guide pratique de Législation et de Jurisprudence à l'usage des maisons de commerce, par Abel JANNIOT, receveur de l'Enregistrement en retraite. In-16 de 170 pages .... 3 fr. 50

Mon Bureau. Magazine illustré d'organisation commerciale et de l'outillage du bureau moderne. Paraissant depuis juillet 1909 : 64 pages de texte.
L'abonnement, un an .... 8 fr. »

Méthodes modernes de vente. — Méthodes modernes de comptabilité. — Organisation et agencement du bureau moderne. — Publicité. Recherche des débouchés. — Organisation d'un service d'achats. — Vente par correspondance. — Jurisprudence et législation. — Economie commerciale. — Psychologie des affaries, etc., etc.

www.ingramcontent.com/pod-product-compliance
Ingram Content Group UK Ltd.
Pitfield, Milton Keynes, MK11 3LW, UK
UKHW020006100726
13658UKWH00002B/831